Lassy Mbouity

Histoire de la République du Cameroun

Introduction

Le Cameroun, officiellement la République du Cameroun, est un pays d'Afrique centrale. Il est bordé par le Nigéria à l'ouest et au nord, le Tchad au nord-est, la République centrafricaine et la République du Congo au sud-est, la Guinée équatoriale et le Gabon au sud. La côte camerounaise se situe sur la baie du Biafra, une partie du golfe de Guinée et de l'océan Atlantique. Bien que le Cameroun ne soit pas un État membre de la CEDEAO, il se trouve géographiquement et historiquement en Afrique de l'Ouest, avec le Cameroun méridional qui forme désormais ses régions du Nord-Ouest et du Sud-ouest et qui possède une forte histoire de l'Afrique de l'Ouest. Le pays est parfois identifié comme étant ouest africain en raison de sa position stratégique à la croisée des chemins entre l'Afrique occidentale et centrale.

Le français et l'anglais sont les langues officielles du Cameroun. Le pays est souvent appelé "Afrique en miniature" pour sa diversité géologique et culturelle. Les caractéristiques naturelles comprennent les plages, les déserts, les montagnes, les forêts tropicales et les savanes. Le mont Cameroun, situé dans la région sud-ouest du pays, culmine à près de 4 100 mètres d'altitude. Douala sur le Wouri, sa capitale économique et son principal port maritime, Yaoundé, sa capitale politique, sont les plus grandes villes en termes de population. Le pays est bien connu pour ses styles de musique autochtones, notamment le makossa et le bikutsi, et pour son équipe nationale de football couronnée de succès.

Les premiers habitants du territoire comprenaient la civilisation Sao autour du lac Tchad et les chasseurs-cueilleurs Baka de la forêt pluviale du sud-est. Les explorateurs portugais ont atteint la côte au 15ème siècle et ont nommé la région Rio dos Camarões (rivière aux crevettes). Les soldats peuls fondèrent l'émirat d'Adamawa dans le nord du XIXe siècle au nord du pays, et divers groupes ethniques de l'ouest et du nord-ouest créèrent des chefferies puissantes. Le Cameroun est devenu une colonie allemande en 1884 sous le nom de Kamerun.

Après la Première Guerre mondiale, le territoire s'est divisé entre la France et le Royaume-Uni, conformément aux mandats de la Société des Nations. Le parti politique de l'Union des populations du Cameroun (UPC) prônait l'indépendance, mais fut interdit par la France dans les années 1950, menant au début de la guerre entre les Bamilékés, les forces militantes françaises et l'UPC jusqu'au début de 1971.

En 1960, la partie du Cameroun administrée par la France devint indépendante en tant que République du Cameroun sous le président Ahmadou Ahidjo. La partie méridionale du Cameroun britannique s'y est fédérée en 1961 pour former la République fédérale du Cameroun. La fédération a été abandonnée en 1972. Le pays a été rebaptisé République Unie du Cameroun en 1972 et

République du Cameroun en 1984. Un grand nombre de Camerounais utilise l'agriculture pour vivre. Depuis 1982, Paul Biya est président et dirige avec son parti le Rassemblement démocratique du peuple Camerounais. Le pays a connu des tensions venant des territoires anglophones. Les politiciens des régions anglophones ont préconisé une plus grande décentralisation et même une séparation ou une indépendance complète (comme dans le Conseil national du Cameroun du Sud) du Cameroun. En 2017, les tensions dans les territoires anglophones ont dégénéré en guerre ouverte.

Les premiers habitants du Cameroun étaient probablement les Baka (Pygmées). Ils habitent encore les forêts des provinces du sud et de l'est. Les locuteurs bantous originaires des hautes terres camerounaises ont été parmi les premiers groupes à se déplacer avant les autres envahisseurs. Le royaume de Mandara dans les montagnes de Mandara a été fondé vers 1500 et a érigé des structures fortifiées, dont le but et l'histoire exacte ne sont toujours pas résolus. La Confédération Aro du Nigéria était présente dans l'ouest du Cameroun (plus tard britannique), en raison du commerce et de la migration aux 18e et 19e siècles.

À la fin des années 1770 et au début du 19e siècle, les Foulani, un peuple islamique pastoral du Sahel occidental, ont conquis la plus grande partie de l'actuel nord du Cameroun, subjuguant ou déplaçant ses habitants en grande partie non musulmans.

Bien que les Portugais soient arrivés aux portes du Cameroun au 16ème siècle, le paludisme a empêché une colonisation et une conquête européennes importantes de l'intérieur de l'Europe jusqu'à la fin des années 1870, date à laquelle de grandes quantités de quinine ont été fournies. La première présence européenne au Cameroun était principalement consacrée au commerce côtier et à l'acquisition d'esclaves. La partie nord du Cameroun était une partie importante du réseau de commerce d'esclaves musulman. La traite des esclaves a été en grande partie supprimée au milieu du 19e siècle. Les missionnaires chrétiens ont établi une présence à la fin du 19ème siècle et continuent à jouer un rôle dans la vie camerounaise.

À partir du 5 juillet 1884, tout le Cameroun actuel et des parties de plusieurs de ses voisins deviennent une colonie allemande, Kamerun, dont la capitale est d'abord Buea, puis Yaoundé.

Le gouvernement allemand impérial a réalisé d'importants investissements dans les infrastructures du Cameroun, y compris les vastes voies ferrées, telles que le pont ferroviaire à une travée de 160 mètres situé sur la branche de la rivière Sanaga Sud. Des hôpitaux ont été ouverts dans toute la colonie, y compris deux grands hôpitaux de Douala, dont l'un spécialisé dans les maladies tropicales. Cependant, les peuples indigènes étant réticents à travailler sur ces projets, les Allemands ont instauré un système de travail forcé sévère et impopulaire. En fait, Jesko von Puttkamer a été démis de ses fonctions de gouverneur de la colonie en raison de ses actes fâcheux envers les Camerounais de souche 3. En 1911, au Traité de Fès après la crise d'Agadir, la France céda une superficie de près de 300 000 km² du territoire de l'Afrique équatoriale française au Kamerun, qui devint Neukamerun, tandis que l'Allemagne céda à la France une zone plus petite.

Pendant la Première Guerre mondiale, les Britanniques envahirent le Cameroun du Nigéria en 1914 lors de la campagne de Kamerun. Le dernier fort allemand du pays se rendit en février 1916. Après la guerre, cette colonie fut divisée entre le Royaume-Uni et la France le 28 juin 1919. La France a gagné la plus grande part géographique, a transféré Neukamerun dans les colonies françaises voisines et a dirigé le reste du Cameroun (Cameroun français). Le territoire de la Grande-Bretagne, une bande frontalière du Nigéria allant de la mer au lac Tchad, à population égale, a été gouverné à partir de Lagos par le Cameroun (British Cameroon). Les administrateurs allemands ont été autorisés à exploiter à nouveau les plantations de la zone côtière du sud-ouest. Une publication parlementaire britannique, Rapport sur la sphère britannique du Cameroun (mai 1922), rapporte que les plantations allemandes présentes "constituaient dans leur ensemble" de merveilleux exemples d'industries, fondées sur de solides connaissances scientifiques. Les indigènes ont appris la discipline et ont pris conscience de ce que l'industrie peut accomplir. Un grand nombre de personnes retournant dans leurs villages s'installent pour leur propre compte dans la culture du cacao, augmentant ainsi la prospérité générale du pays.

Le 18 décembre 1956, l'Union des peuples du Cameroun (UPC), illégale, basée en grande partie sur les groupes ethniques Bamiléké et Bassa, a lancé une lutte armée pour l'indépendance au Cameroun français. Cette rébellion s'est poursuivie, avec une intensité décroissante, même après l'indépendance, jusqu'en 1961. Quelques dizaines de milliers de personnes sont mortes au cours de ce conflit.

Des élections législatives ont eu lieu le 23 décembre 1956 et l'Assemblée qui en a résulté a adopté un décret le 16 avril 1957 faisant du Cameroun français un État. Il a repris son ancien statut de territoire associé en tant que membre de l'Union française. Ses habitants sont devenus citoyens camerounais, des institutions camerounaises ont été créées sous le signe de la démocratie parlementaire. Le 12 juin 1958, l'Assemblée législative du Cameroun français a demandé au gouvernement français de: «Accorder l'indépendance à l'État du Cameroun à la fin de leur mandat sous tutelle. Transférer toutes les compétences liées à la gestion des affaires intérieures du Cameroun aux Camerounais ». Le 19 octobre 1958, la France a reconnu le droit de choisir son indépendance sur le territoire sous tutelle du Cameroun des Nations Unies. Le 24 octobre 1958, l'Assemblée législative du Cameroun français a proclamé solennellement le désir des Camerounais de voir leur pays accéder à l'indépendance du 1er janvier 1960. Le 12 novembre 1958, après avoir accordé au Cameroun français une totale autonomie interne et estimant que ce transfert ne lui permettait plus d'assumer ses responsabilités sur le territoire sous tutelle pendant une période indéterminée, le gouvernement de la France a demandé aux Nations Unies d'exaucer le souhait de ses camerounais français. Le 5 décembre 1958, l'Assemblée générale des Nations Unies a pris note de la déclaration du gouvernement français selon laquelle le Cameroun français, sous administration française, accéderait à l'indépendance le 1er janvier 1960, mettant ainsi fin à la période de tutelle.

Le 13 mars 1959, l'Assemblée générale des Nations Unies a décidé que l'accord de tutelle entre la France et le Cameroun français prendrait fin avec l'indépendance du Cameroun français, le 1er janvier 1961.

Le Cameroun français a obtenu son indépendance le 1 er janvier 1960 sous le nom de République du Cameroun. Après la Guinée, c'est la deuxième colonie française en Afrique subsaharienne à devenir indépendante. Le 21 février 1960, la nouvelle nation organisa un référendum constitutionnel. Le 5 mai 1960, Ahmadou Ahidjo est devenu président. Le 11 février 1961, un plébiscite organisé par les Nations Unies s'est tenu dans la partie du Cameroun sous contrôle britannique (le nord britannique et le sud britannique). Le plébiscite devait choisir entre la libre association avec un État nigérian indépendant ou la réunification avec la République indépendante du Cameroun. Le 12 février 1961, les résultats du plébiscite sont rendus publics et le Royaume-Uni du Cameroun septentrional s'attache au Nigéria, tandis que la partie méridionale vote pour la réunification avec la République du Cameroun. Pour négocier les termes de cette union, la conférence de Foumban s'est tenue du 16 au 21 juillet 1961 en présence de John Ngu Foncha, chef du parti démocrate national Kamerun. Le Cameroun méridional britannique devait être désigné sous le nom de Cameroun occidental et la partie française en tant que Cameroun oriental. Buea est devenue la capitale de l'actuel Cameroun occidental, tandis que Yaoundé a été doublée en tant que capitale fédérale Est du Cameroun. Ahidjo a accepté la fédération, pensant que c'était un pas en avant vers un État unitaire. Le 14 août 1961, la constitution fédérale est adoptée sous la présidence d'Ahidjo. Foncha est devenu le Premier ministre du Cameroun occidental et le vice-président de la République fédérale du Cameroun. Le 1er septembre 1966, l'Union nationale camerounaise a été créée par l'union des partis politiques du Cameroun oriental et occidental. La plupart des décisions concernant le Cameroun occidental ont été prises sans consultation, ce qui a suscité chez le public camerounais occidental un sentiment général que, bien qu'il ait voté pour la réunification.

Le 1er octobre 1961, les deux tiers septentrionaux du Cameroun britannique, essentiellement musulmans, ont voté en faveur de l'adhésion au Nigéria. Le tiers sud, majoritairement chrétien, a voté par référendum pour l'adhésion à la République du Cameroun dans le but de former la République fédérale du Cameroun. Les régions autrefois françaises et britanniques conservaient chacune une autonomie substantielle. Ahidjo a été élu président de la fédération en 1961. En 1962, le franc CFA est devenu la monnaie officielle du Cameroun.

Ahidjo, s'appuyant sur un appareil de sécurité interne omniprésent, a interdit tous les partis politiques sauf le sien en 1966. Il a réprimé avec succès la rébellion persistante de l'UPC, capturant le dernier chef important des rebelles en 1970. Le 28 mars 1970, Ahidjo a renouvelé son mandat et Salomon Tandeng Muna est devenu vice-président. En 1972, une nouvelle constitution a remplacé la fédération par un État unitaire appelé République unie du Cameroun. Bien que le régime d'Ahidjo ait été qualifié d'autoritaire, il était perçu comme manifestement dépourvu de charisme par rapport à de nombreux dirigeants africains postcoloniaux. Il n'a pas suivi les politiques anti-occidentales suivies par nombre de ces dirigeants, qui ont aidé le Cameroun à atteindre un degré de stabilité politique et de croissance économique comparables.

Le 30 juin 1975, Paul Biya a été nommé vice-président. Ahidjo a démissionné de son poste de président en 1982 et son Premier ministre, Paul Biya, a été remplacé par la constitution. Ahidjo a regretté par la suite son choix de successeurs, mais ses partisans n'ont pas réussi à renverser Biya lors d'un coup d'État en 1984. Biya a remporté les élections à un seul candidat en 1983 et en 1984, lorsque le pays a de nouveau été nommé République du Cameroun. Biya est resté au pouvoir, remportant des élections multipartites erronées en 1992, 1997, 2004 et 2011. Son parti, le Rassemblement démocratique du peuple camerounais (RDPC), détient une majorité considérable à la législature.

Le 6 avril 1984, le pays assistait à son premier coup d'État dirigé par le col. Issa Adoum. Vers 3 heures du matin, les forces de la garde républicaine, sous les ordres du colonel Ibrahim Saleh, ont tenté de renverser le gouvernement de Biya. Les rebelles ont pris en contrôle l'aéroport de Yaoundé, la station de radio nationale et ont annoncé la prise du pouvoir. Ils ont attaqué la présidence. Le civil nordiste qui était le directeur du FONADER, Issa Adoum, devait devenir le nouveau président par intérim. Malheureusement, de nombreuses raisons ont conduit à son échec. Les principaux comploteurs du coup d'Etat avaient été arrêtés le 10 avril 1984 et le président Biya a déclaré à la nation que le calme avait été rétabli.

Le 15 août 1984, le lac Monoun a explosé dans une éruption limnique qui a libéré du dioxyde de carbone, provoquant la mort de 37 personnes. Le 21 août 1986, une autre éruption limnique au lac Nyos a tué 1 800 personnes et 3 500 animaux. Les deux catastrophes sont les seuls cas enregistrés d'éruptions limniques.

En mai 2014, à la suite de l'enlèvement d'une écolière à Chibok, les présidents camerounais Paul Biya et tchadien Idriss Déby ont annoncé qu'ils menaient la guerre à Boko Haram et ont déployé des troupes à la frontière nigériane.

Au début de 2006, un différend final entre le Cameroun et le Nigéria sur la péninsule de Bakassi, riche en pétrole, était attendu. En octobre 2002, la Cour internationale de Justice s'était prononcée en faveur du Cameroun. La péninsule a été le théâtre de combats entre les deux pays en 1994 et de nouveau en juin 2005, entraînant la mort d'un soldat camerounais. En 2006, les troupes nigérianes ont quitté la péninsule.

En 2014, l'insurrection de Boko Haram s'est propagée au Cameroun à partir du Nigéria. Le Cameroun a annoncé en septembre 2018 que Boko Haram avait été repoussé, mais le conflit persiste néanmoins dans les zones frontalières septentrionales.

En novembre 2016, de grandes manifestations ont eu lieu dans les régions anglophones du Cameroun. Mais en septembre 2017, la réponse du gouvernement aux manifestations anglophones a provoqué un conflit armé, les séparatistes ayant proclamé l'indépendance de la République d' Ambazonie et entamé une guérilla contre l'armée camerounaise.

Le Cameroun a attiré l'attention internationale suite au succès relatif de son équipe de football. Il s'est qualifié pour la Coupe du Monde de la FIFA à plusieurs reprises. Sa performance la plus notable a été en Italie 1990, quand l'équipe a battu l'Argentine, championne en titre du match d'ouverture. Mais le Cameroun a finalement perdu en prolongation en quart de finale contre l'Angleterre.

Civilisation Sao

La civilisation Sao a prospéré en Afrique centrale à partir du 6ème siècle avant notre ère jusqu'au 16ème siècle de notre ère. Les Sao vivaient au bord du fleuve Chari autour du lac Tchad, sur un territoire qui a ensuite été intégré au Cameroun et au Tchad. Ce sont les premières personnes à avoir laissé des traces évidentes de leur présence sur le territoire du Cameroun moderne. Vers le 16e siècle, la conversion à l'islam a transformé l'identité culturelle de l'ancien Sao. Aujourd'hui, plusieurs groupes ethniques du nord du Cameroun et du sud du Tchad, mais plus particulièrement des Sara et Kotoko, revendiquent leur origine dans la civilisation des Sao.

Origines et déclin

La civilisation sao a commencé dès le 6e siècle av. J.-C. et à la fin du premier millénaire av. J.-C..Leur présence était bien établie autour du lac Tchad et près du fleuve Chari. Les cités des Sao ont atteint leur apogée entre le 9ème et le 15ème siècle de notre ère.

Certains érudits estiment que la civilisation sao au sud du lac Tchad a duré jusqu'au 14e ou 15e siècle, mais l'opinion majoritaire est qu'elle a cessé d'exister en tant que culture distincte au cours du 16e siècle après l'expansion de l'empire de Bornou. Les Kotoko sont les héritiers des anciennes cités des États Sao.

Culture

On sait peu de choses sur la culture ou l'organisation politique des Sao: les historiens ont toutefois montré qu'elles provenaient peut-être de la vallée du Nil. Les origines principales du Sao sont basées sur la tradition orale et les preuves archéologiques. Selon une théorie, ils seraient les descendants des Hyksos qui ont conquis l'Égypte ancienne. Ils se sont déplacés du sud de la vallée du Nil jusqu'en Afrique centrale en plusieurs vagues sous la pression des envahisseurs. Les artefacts Sao montrent qu'ils étaient des ouvriers qualifiés dans le bronze, le cuivre et le fer. Les trouvailles comprennent des sculptures en bronze et des statues en terre cuite représentant des figures humaines et animales, des pièces de monnaie, des urnes funéraires, des ustensiles ménagers, des bijoux, des poteries très décorées et des lances. Les plus importantes découvertes archéologiques de Sao ont été faites au sud du lac Tchad.

Des groupes ethniques du bassin du lac Tchad, tels que les Buduma, Gamergu, Kanembu, Kotoko et Mousgoum, revendiquent une descente des Sao. Cette connexion a tracé le symbolisme de l'art sao dans leurs œuvres

Les histoires orales apportent des précisions supplémentaires sur le peuple: les Sao étaient constitués de plusieurs clans patrilinéaires qui étaient unis dans un seul et même État avec une langue, une race et une religion. Dans ces récits, les Sao sont présentés comme des géants et des guerriers puissants qui se sont battus et ont conquis leurs voisins.

Royaume de Kotoko

Le royaume de Kotoko était une monarchie africaine dans l'actuel nord du Cameroun et du Nigéria, ainsi que dans le sud-ouest du Tchad. Ses habitants et leurs descendants modernes sont connus sous le nom de peuple Kotoko.

La montée de Kotoko a coïncidé avec le déclin de la civilisation Sao dans le nord du Cameroun. Un roi dirigeait l'état naissant, qui était venu assimiler plusieurs royaumes plus petits. Parmi ceux-ci se trouvaient Kousséri, Logone-Birni, Makari et Mara. Le Kotoko s'est répandu dans certaines parties de l'actuel nord du Cameroun et du Nigéria, ainsi que dans le sud-ouest du Tchad au milieu du 15e siècle. Logone-Birni s'est imposé comme le royaume le plus influent de Kotoko.

L'empire Kanem a très tôt fait entrer le nord de Kotoko dans sa sphère d'influence. Grâce aux actions des missionnaires et des conquérants, la majeure partie du nord de Kotoko s’est convertie à l’islam au 19e siècle. Au cours du même siècle, Kotoko elle-même a été complètement absorbée par l’empire Bornou et l’islam a continué à se répandre. Les dirigeants de Bornou divisèrent le territoire en deux moitiés, l'une septentrionale et l'autre sud, ce qui permit à Logone-Birni, dans le sud, de conserver une certaine autonomie sous son chef suprême. Le Logone-Birni était divisé en provinces dirigées par des sous-chefs.

Kotoko, avec le reste du Bornou, a été divisé entre les puissances européennes pendant la période coloniale africaine. Dans les temps modernes, il y a eu des conflits entre les Arabes Kotoko et Shuwa.

Royaume Mandara

Le royaume Mandara (parfois appelé Wandala) était un royaume africain situé dans les montagnes Mandara de l'actuel Cameroun. Le peuple Mandara est issu des habitants du royaume.

Origines

Selon la tradition, Mandara a été fondée peu avant 1500 par une femme nommée Soukda et un chasseur nommé Gaya. Fra Mauro (en 1459) et Léo Africanus (en 1526) se référèrent pour la première fois au royaume. La provenance de son nom reste incertaine.

Pendant le premier siècle de l'histoire du royaume, ses dirigeants se sont battus avec des groupes voisins pour tenter d'étendre leurs territoires. Après avoir conquis le Doulo (ou Duolo) et établi la capitale à Doulo en 1580, la dynastie de Sankre, un chef de guerre, a commencé son règne. Lorsque le Doulo tenta de s'emparer du trône, le royaume de Bornou appuya la revendication d'Aldawa Nanda, membre de la maison de Sankre. L'empereur Idris Alaoma de Borno établit personnellement Nanda comme roi en 1614. Bornou atteignit ainsi une position influente sur Mandara.

Mai Boukar Aji, 25ème roi en 1715, restera près pendant plusieurs années. Les visiteurs musulmans ont converti Boukaret l'islamisation du royaume s'est poursuivi pendant la majeure partie du siècle prochain. Le royaume connut un âge d'or sous Boukar et son successeur, Boukar Guyane (1773-1828). Vers 1781, les Mandara défirent le royaume de Bornou lors d'une bataille majeure, renforçant encore leur contrôle dans la région. Au plus fort de son pouvoir au tournant du siècle, Mandara reçut l'hommage de quelque 15 chefferies. Cependant, le royaume subit un revers en 1809 lorsque Modibo Adama, disciple peul d'Usman dan Fodio, mena un jihad contre Mandara. Adama s'empara brièvement de Doulo, mais la contre-attaque de Mandara le chassa bientôt des frontières du royaume. La défaite d'Adama incita Bornou à s'allier à nouveau avec Mandara contre les envahisseurs peuls.

À la mort du dirigeant Bukai Dgjiama, les affluents non musulmans de Mandara se sont soulevés et les Peuls ont de nouveau été attaqués. En 1850, Bornou ne pouvait pas laisser passer l'occasion d'attaquer le royaume affaibli. Ce conflit renouvelé a commencé à saper la force du royaume, ouvrant la voie à l'invasion des forces de Muhammad Ahmad dans les années 1880. En 1895, l'armée de Muhammad Ahmad détruisit Doulo, marquant un nouveau déclin du pouvoir Mandara. Cependant, le royaume continua d'exister, repoussant les incursions continuelles des peuls jusqu'à ce qu'il leur soit finalement imposé en 1893. En 1902, le royaume fut conquis par l'Allemagne, puis en 1918 par la France. En 1960, le royaume de Mandara devint une partie du Cameroun nouvellement indépendant.

Sultant de Mandara

- 1757 à 1773 T'kse Bldi, sultan
- 1773 à 1828 Boukar D'Gjiama, sultan
- 1828 à 1842 Hissa, sultan
- 1842 à 1894 Boukar Narbanha, sultan
- 1894 à 1902 Oumar Adjara, sultan
- 1902 incorporé au Cameroun
- 1902 à 1911 Oumar Adjara, sultan
- Boukar Afade, sultan de 1911 à 1915
- 1915 à 1922 Oumar Adjara, sultan
- 1922 à mai 1924 Amada, sultan
- Mai 1924 au 18 mars 1942 Kola Adama, sultan
- 18 mars 1942 HamidouOumar, sultan

Royaume Bamoun

Le royaume Bamoun (1394–1884) était un État d'Afrique centrale précolonial situé dans le nord-ouest du Cameroun. Il a été fondé par les Mboum, un groupe ethnique bantou du nord-est du Cameroun. Sa capitale était l'ancienne ville fortifiée de Foumban.

Origines

Les Mboum, ainsi que plusieurs autres peuples, revendiquent une descendance des Tikar des hautes terres du Cameroun.

Le royaume de Bamoum a été fondé par des émigrés liés à la dynastie royale Tikar. Le roi fondateur appelé "fon" ou "mfon" était Nchare, un conquérant réputé pour avoir écrasé 18 dirigeants. Le roi fonda la capitale Foumban, alors appelée Mfomben. Ce premier groupe de conquérants émigrés Tikar a assimilé le langage et les coutumes de leurs nouveaux sujets et est désormais connu sous le nom de Mboum. Plus tard, tous les peuples tombant sous leur influence prendront ce nom. Tout le monde pense que les migrations de Tikar dans la partie méridionale du plateau occidental de l'Adamawa ont abouti à la fondation du royaume.

Bien que des dates antérieures aient été suggérées, il est clair que les Tikar n'étaient pas encore dans la région jusqu'à la fin des années 1700, lorsqu'ils ont été invités pour la première fois par les Twumwu dans une alliance contre le chef Kwanja Ngwiwa.

Organisation

Le roi fondateur organisa son royaume autour d'institutions politiques originaires des Tikar. Il y avait des nobles appelés les kom ngu (conseillers du royaume) avec lesquels il partageait le pays.

La population du royaume de Bamoum a eu recours à des sociétés secrètes. Le ngiri, était réservée aux princes. Un autre, le mitngu, était destiné à la population en général, quel que soit son statut social. Le mfon a recruté la plupart de ses serviteurs parmi les jumeaux et les fils de princesses.

Le roi de Bamoum était connu sous le nom de mfon, un titre partagé par les dirigeants tikars. L'armée s'est engagée dans une polygamie à grande échelle donnant lieu à une prolifération de lignées royales. Cela a conduit à la croissance rapide de la noblesse du palais.

Culture

On en sait peu sur la culture matérielle et sociale du royaume à cette époque. À l'origine, la langue d'État du royaume Bamoum était celle des Tikar. Cela n'a apparemment pas duré longtemps et le langage du Mben conquis a été adopté. L'économie était essentiellement agricole et la possession d'esclaves était pratiquée à petite échelle. Le royaume de Bamoum a commercé avec les populations voisines. Ils ont importé du sel, du fer, des perles, du coton et des objets en cuivre.

Les Bamoun ont développé une vaste culture artistique dans la capitale, Foumban, au début du XXe siècle. Sous le règne de Njoya, six noyaux de teinture de couleur ont été maintenus. Le Mboum a importé du drap haoussa cousu en raphia teint à l'indigo comme drap royal. Ce vêtement royal s'appelait Ntieya et des artisans haoussas étaient gardés dans des ateliers du palais pour approvisionner les nobles et enseigner l'art de la teinture.

Au cours du 18ème siècle, le royaume fut menacé d'invasion du nord par des guerriers peuls. À la fin du siècle, Bamoum comptait peut-être entre 10 000 et 12 000 personnes. L'histoire et les coutumes du Bamoum énumèrent dix rois entre le fondateur. Les neuf rois qui ont suivi Nchare ne sont pas connus pour rien de spécial. Ils n'étaient pas des conquérants et l'expansion territoriale ne se produisit pas avant le règne du dixième Mboum.

Le roi Mbouemboue fut le premier souverain à étendre le royaume Bamoun. Il était célèbre pour avoir repoussé une attaque des peuls au début du 19ème siècle. Mfon Mbouemboue a entrepris des démarches pour fortifier la capitale avec la construction d'une tranchée. Il était le fondateur de l'emblème du peuple Bamoun, caractéristique de sa capacité à combattre sur deux fronts et à gagner les deux à la fois. Il a représenté le peuple Bamoun par un serpent à deux têtes connues sous le nom de "Ngnwepehtou".

Invasion allemande

Le royaume Bamoun est devenu volontairement membre de Kamerun Allemand en 1884 sous le règne de Mfon Nsangou. Pendant son règne, Bamoum a mené une guerre avec le Nso. À la fin du conflit, le roi fut tué et sa tête fut emportée par le Nso. Immédiatement après, une des épouses du roi, Njapdunke, a pris le gouvernement du royaume avec son amant Gbetnkom Ndo`mbue. (Gbetnkom n'était pas le Mfon, car il y avait un autre Gbetnkom qui était le fils de Mfon Mbuembue le grand conquérant.) Après la mort de Mfon Mbouemboue, il n'y avait plus d'héritier pour hériter de son trône. Njapdunke a pris le pouvoir pendant un certain temps, mais n'a pas réussi à représenter le roi. Elle a été enlevée et on a pensé qu'un des fils du roi, Mbetnkom, se trouvait dans un village appelé Massagham pour y être soigné. Il a été ramené et est devenu Mfon Mbetnkom.

Mbetnkom était un homme de petite taille, un dictateur. Après sa mort, son petit-fils, Mbienkouo, lui succéda. Il était trop jeune pour gouverner. Il a pris l'habitude de savoir qui était son père parmi les personnes qui prenaient des gardes derrière lui. Sa cour dirigée par Ngouoh, devint douteuse et pensa que le garçon pourrait éventuellement apprendre que c'était la personne qui avait tué son père. Mfon Mbienkouo a été emmené et tué dans un endroit appelé "Mfe fermé Mfonmbwere". Le trône est resté vacant pendant un certain temps et Ngouoh, le chef du tribunal, est finalement devenu Mfon. Il n'était malheureusement pas un descendant du roi Mbouemboue. C'était un esclave bamiléké. Ngouoh n'a pas été bien accueilli par ses sujets et a décidé de déplacer le palais dans son propre lieu. Mfon Ngouoh a ensuite été chassé après une violente bagarre entre lui et les partisans de Mbouemboue. Nsangou, un petit-fils de Mbouemboue est devenu roi.

Njoya le grand

Finalement, le roi Njoya, fils du roi assassiné, parvint au pouvoir. Il était l'un des dirigeants les plus prolifiques de Bamoum et a gouverné de 1883 à 1931 environ. Il met volontairement son royaume sous la protection du pouvoir colonial allemand et est responsable de la modernisation de certains éléments de la société Mboum.

En 1897, Njoya et sa cour se convertirent à l'islam, une décision qui affectera la culture Bamoun longtemps après la mort de Njoyua. Il a inventé le script Bamoum afin que son peuple puisse enregistrer l'histoire de Bamoum. En 1910, Njoya fit construire une école où le script était enseigné. Les Allemands ont été autorisés à établir la Mission de Bâle dans la capitale et la construction d'un temple a été entreprise. Une école a été construite, composée de missionnaires qui enseignaient l'allemand et la langue maternelle. Les Allemands ont introduit de nouvelles techniques de construction de logements en s'installant parmi les habitants du royaume en tant qu'agriculteurs, commerçants et éducateurs. Le roi Njoya resta fidèle à ses seigneurs allemands, qui respectèrent ses droits en tant que roi et le consultèrent au sujet des affaires coloniales.

L'introduction des patates douces, du macabo et d'autres aliments nouveaux dans l'histoire du royaume pendant la période de protection allemande a également contribué à l'enrichissement du royaume. Les Mboum ont pu commercer en dehors de leurs frontières traditionnelles et les revenus ont considérablement amélioré le niveau de vie. Le roi Njoya était très influencé par les missionnaires qui dénonçaient les idoles, le sacrifice humain et la polygamie. En réponse, Njoya a réduit les excès royaux. Les nobles étaient autorisés à épouser des esclaves. Le roi, cependant, resta non converti au christianisme. Il a fusionné certains des principes du christianisme et de l'islam avec les croyances traditionnelles pour créer une nouvelle religion plus acceptable pour ses sujets.

En 1906, l'Allemagne envoya une force expéditionnaire contre le Nso appuyée par les guerriers du roi Njoya. Après la victoire, la force a repris la tête du père de Njoya, ce qui était essentiel pour légitimer le roi. À partir de ce moment, le lien entre Bamoum et l'Allemagne devient fort.

Première guerre mondiale et invasion française

En 1914, les Alliés envahissent le Kamerun allemand dans le cadre de la campagne ouest-africaine. Foumban est capturé par les Britanniques sous le colonel Gorges en décembre 1915. En 1918, les possessions coloniales de l'Allemagne, y compris le Kamerun, sont divisées entre la Grande-Bretagne et la France. Le royaume de Bamoun tombe donc sous la domination française. En 1923, Njoya fut destitué et son écriture fut interdite par les Français.

Période coloniale

Cameroun allemand

Le Cameroun allemand (Kamerun) était une colonie africaine de l'empire allemand de 1884 à 1916 dans la région de l'actuelle République du Cameroun. Le Cameroun allemand comprenait également le nord du Gabon et du Congo, ainsi que l'ouest de la République centrafricaine, le sud-ouest du Tchad et l'extrême est du Nigéria.

19ème siècle

Le premier poste allemand dans la région de Douala, dans le delta de la rivière Kamerun (aujourd'hui Wouri), a été créé en 1868 par la société de négoce d'Hambourg. Johannes Thormählen, agent de la société au Gabon, a étendu ses activités au delta de la rivière Kamerun. En 1874, conjointement avec l'agent de Woermann au Libéria, Wilhelm Jantzen, les deux marchands y fondèrent leur propre entreprise, Jantzen&Thormählen.

Ces deux sociétés de l'Afrique de l'Ouest ont étendu leurs activités à la navigation avec leurs propres voiliers et navires à vapeur et ont inauguré un service de transport de passagers et de fret régulier entre Hambourg, en Allemagne et Douala. Ces sociétés et d'autres ont obtenu une importante superficie de terres de la part des chefs locaux et ont entrepris des opérations de plantation systématiques, notamment de bananes.

En 1884, Adolph Woermann, représentant toutes les sociétés ouest-africaines en tant que porte-parole, demande au ministère des Affaires étrangères impérial d'obtenir la "protection" de l'Empire allemand. Bismarck, le chancelier impérial, a cherché à utiliser les commerçants sur place pour gouverner la région via des "entreprises à charte". Cependant, en réponse à la proposition de Bismarck, les sociétés ont retiré leur demande.

La poursuite d'activités commerciales rentables sous la protection du Reich était au cœur des intérêts commerciaux, mais ces entités étaient déterminées à rester à l'écart des engagements politiques. Bismarck finit par céder à la position de Woermann et ordonna à l'amirauté d'envoyer une canonnière. En guise de manifestation de l'intérêt allemand, le petit canotier SMS Möwe est arrivé en Afrique de l'Ouest.

L'Allemagne est particulièrement intéressée par le potentiel agricole du Cameroun et est confiée à de grandes entreprises pour l'exploiter et l'exporter. Le chancelier Bismarck définit l'ordre de priorité comme suit : "d'abord le marchand, ensuite le soldat". C'est sous l'influence de l'homme d'affaires Adolph Woermann, dont la société a créé une maison de commerce à Douala, que Bismarck, initialement sceptique quant à l'intérêt du projet colonial, est convaincu. De grandes sociétés de commerce allemandes (Woermann, Jantzenund Thoermalen) et des sociétés de concession (Sudkamerun Gesellschaft, Nord-Ouest Kamerun Gesellschaft) se sont massivement installées dans la colonie. Laissant les grandes entreprises imposer leur ordre, l'administration les soutient simplement, les protège et élimine les rébellions indigènes.

L'Allemagne prévoyait de construire un grand empire africain, qui relierait Kamerun à travers le Congo à ses possessions d'Afrique de l'Est. Peu avant la Première Guerre mondiale, le ministre allemand des Affaires étrangères avait déclaré que le Congo belge était une colonie trop grande pour un pays trop petit.

Protectorat de Kamerun

Le protectorat de Kamerun a été créé pendant la période généralement connue sous le nom de « Partage de l'Afrique ou Scramble for Africa en anglais » de l'impérialisme européen. L'explorateur allemand, docteur en médecine, consul impérial et commissaire pour l'Afrique de l'Ouest, Gustav Nachtigal, a été le moteur de la création de la colonie. À ce moment-là, plus d'une douzaine de sociétés allemandes, basées à Hambourg et à

Brême, menaient des activités commerciales et de plantation à Kamerun.

20ème siècle

Avec des subventions du Trésor impérial, la colonie a construit deux lignes ferroviaires au départ de la ville portuaire de Douala pour acheminer des produits agricoles vers le marché : la ligne nord, de 160 km et 300 km de ligne sur la rivière Nyong. Un vaste système postal et télégraphique et un réseau de navigation fluviale avec des navires gouvernementaux ont relié la côte à l'intérieur.

Le protectorat du Kamerun a été élargi à Neukamerun (en allemand : Nouveau Cameroun) en 1911 dans le cadre du règlement de la crise d'Agadir, résolu par le traité de Fès.

Pertes allemandes

Au début de la Première Guerre mondiale, des troupes françaises, belges et britanniques envahirent la colonie allemande en 1914 et l'occupèrent pleinement pendant la campagne de Kamerun. Le dernier fort allemand à se rendre fut celui de Mora, au nord de la colonie, en 1916.

À la suite de la défaite de l'Allemagne, le Traité de Versailles a divisé le territoire sous l'administration britannique et française. Le Cameroun français et une partie du Cameroun britannique ont été réunifiés en 1961 en tant que Cameroun.

Liste des gouverneurs coloniaux du Cameroun allemand

- 14 juillet 1884 au 19 juillet 1884 Gustav Nachtigal, commissaire
- 19 juillet 1884 au 1 er avril 1885 Maximilian Buchner, commissaire par intérim
- 1er avril 1885 au 4 juillet 1885 Eduard von Knorr, commissaire par intérim
- 4 juillet 1885 au 14 février 1891 Julius Freiherr von Soden, gouverneur
- 13 mai 1887 au 4 octobre 1887 Jesko von Puttkamer, gouverneur suppléant
- 4 octobre 1887 au 17 janvier 1888 Eugen von Zimmerer, gouverneur
- 26 décembre 1889 au 17 avril 1890 Eugen von Zimmerer, gouverneur
- 17 avril 1890 au 3 août 1890 Markus Graf von Pfeil et Klein-Ellguth, gouverneur
- 3 août 1890 au 14 août 1890 Kurz, gouverneur par intérim
- 14 août 1890 au 2 décembre 1890 Jesko von Puttkamer, gouverneur pour la deuxième fois

- 2 décembre 1890 au 15 avril 1891 Karl Theodor Heinrich Leist, gouverneur jusqu'au 14 février 1891, pour la première fois
- 15 avril 1891 au 13 août 1895 Eugen von Zimmerer, gouverneur
- 7 août 1891 au 5 janvier 1892 Bruno von Schuckmann, gouverneur
- 27 juin 1893 au 24 février 1894 Karl Theodor Heinrich Leist, gouverneur, pour la deuxième fois
- 31 décembre 1894 au 27 mars 1895 Jesko von Puttkamer, gouverneur
- 27 mars 1895 au 4 mai 1895 von Lucke, gouverneur
- 13 août 1895 au 9 mai 1907 Jesko von Puttkamer, gouverneur
- 27 octobre 1895 au 10 septembre 1897 Theodor Seitz, gouverneur
- 12 janvier 1898 au 13 octobre 1898 Theodor Seitz, gouverneur pour la deuxième fois
- 17 janvier 1900 au 31 juillet 1900 août Köhler, gouverneur
- 1er août 1900 au 6 septembre 1900 Emil Diehl, gouverneur
- 6 septembre 1900 au 15 novembre 1900 Oltwig Wilhelm Adolf von Kamptz, gouverneur
- 3 février 1902 au 3 octobre 1902 Albert Plehn, gouverneur
- Du 9 mai 1904 au 8 novembre 1904 Karl Ebermaier, gouverneur

- 9 novembre 1904 au 31 janvier 1905 Otto Gleim, gouverneur
- Janvier 1906 à novembre 1906 Franz Ludwig Wilhelm Müller, gouverneur
- Novembre 1906 au 9 mai 1907 Otto Gleim, gouverneur pour la deuxième fois
- 9 mai 1907 au 27 août 1910 Theodor Seitz, gouverneur
- 10 février 1909 à octobre 1909 Wilhelm Peter Hansen, gouverneur
- 28 août 1910 au 29 janvier 1912 Otto Gleim, gouverneur
- Août 1910 à septembre 1910 Theodor Steinhausen, gouverneur
- Septembre 1910 au 25 octobre 1910 Wilhelm Peter Hansen, gouverneur pour la deuxième fois
- Octobre 1911 au 29 janvier 1912 Wilhelm Peter Hansen, gouverneur
- 29 janvier 1912 au 4 mars 1916 Karl Ebermaier, gouverneur

Guerres Bafut

Les guerres de Bafut sont une série de guerres menées au début du 20e siècle entre les troupes du Fon de Bafut et les troupes allemandes. Les guerres ont finalement conduit à la défaite du Fon de Bafut, le contraignant à l'exil et faisant de Fondom de Bafut une partie du protectorat allemand de Kamerun.

Chronologie

1889: L’explorateur allemand Eugene Zintgraff se rend dans la ville de Bafut après avoir visité Bali Nyonga, voisin et concurrent de Bafut. C’est la violation des règles par Eugen Zintgraff à l'égard du Fon de Bafut, Abumbi.

1891: Les forces allemandes de Bali, Nyonga, attaquent Mankon, un allié de Bafut. Cette attaque était une représailles de la mort de deux des messagers d'Eugene Zintgraff envoyés à Bafut pour réclamer de l'ivoire. La ville de Mankon a été incendiée par la force le 31 janvier 1891. Des guerriers de Bafut et de Mankon ont attaqué la force étrangère lors de leur voyage de retour et leur ont infligé de lourdes pertes. C'est la bataille de Mankon.

1901 - 1907: L'Allemand Schutztruppe, initialement placé sous le commandement du commandant von Pavel, assaillit plusieurs fois Bafut en 1901, 1904, 1905 et 1907.

Il s'ensuivit l'exil du Fon de Bafut, Abumbi I à Douala. Il a été réintégré sous le régime allemand, faute de disposer de règles de procuration appropriées.

Le quartier général de l'armée d'Abumbi I pendant les guerres Bafut abrite désormais un mémorial de guerre dédié au peuple Bafut. La maison d'hôtes qui était la résidence du Fon construite par les Allemands abrite un musée. Le musée abrite une section spéciale sur la bataille de Mankon, avec les crânes de quatre soldats allemands morts, leurs armes et leurs munitions.

Neukamerun

Neukamerun (en allemand nouveau Cameroun) était le nom des territoires d'Afrique centrale cédés par la France à l'Allemagne en 1911. Dès son entrée en fonction en 1907, Theodor Seitz, gouverneur de l'allemand du Kamerun, plaida pour l'acquisition des territoires du Congo français. Le fleuve Congo était le seul débouché majeur de l'Allemagne pour ses possessions d'Afrique centrale. De plus, davantage de territoires à l'est du Kamerun permettraient un meilleur accès à cette voie navigable.

La France et l'Allemagne étaient des rivaux pour le Maroc et en 1911, la crise d'Agadir a éclaté sur la question de la possession de ce royaume. La France et l'Allemagne ont convenu de négocier le 9 juillet 1911 et ont signé le 4 novembre le traité de Fès. La France a accepté de céder une partie du Congo français à l'Allemagne en échange de la reconnaissance par l'Allemagne des droits de la France sur le Maroc et d'une bande de terre dans le nord-est du Kamerun, entre les fleuves Logone et Chari. La colonie du Kamerun est passée de 465 000 km^2 à 760 000 $km^2$0. Otto Gleim était gouverneur du Kamerun à l'époque. La colonie élargie est devenue connue sous le nom de Grand Kamerun.

L'échange a suscité un débat en Allemagne; les opposants ont fait valoir que les nouveaux territoires offraient peu d'opportunités d'exploitation commerciale ou d'autres bénéfices. Le secrétaire colonial allemand a finalement démissionné à ce sujet.

Au cours de la Première Guerre mondiale, la France avait hâte de reprendre les territoires. En 1916, la France s'empara des territoires après la chute des forces allemandes en Afrique occidentale. La France a pris le contrôle du Cameroun en tant que mandat de la Société des Nations (bien qu'il n'ait pas été intégré à l'Afrique équatoriale française). La frontière a été replacée à sa ligne d'avant de 1911 et Neukamerun a cessé d'exister. Le territoire fait aujourd'hui partie du Tchad, de la République centrafricaine, de la République du Congo et du Gabon.

Cameroun français

Le Cameroun français (ou Cameroun) était un territoire sous mandat de la Société des Nations en Afrique centrale. Il fait maintenant partie du pays indépendant du Cameroun.

Débuts

La région du Cameroun actuel est passée sous la souveraineté allemande lors du Partage de l'Afrique à la fin du 19ème siècle.

Le protectorat allemand a débuté en 1884 par le canald'un traité avec les chefs locaux de la région de Douala, en particulier Ndoumbe Lobe Bell, puis a été progressivement étendu à l'intérieur. En 1911, la France a cédé une partie de son territoire au Cameroun allemand, à la suite de la crise d'Agadir, le nouveau territoire étant désormais connu sous le nom de Neukamerun ("Nouveau Kamerun"). Pendant la Première Guerre mondiale, le protectorat allemand était occupé par les troupes britanniques et françaises, puis confié par la Société des Nations en 1922. Pendant la Seconde Guerre mondiale, chacun des territoires sous mandat est devenu un territoire sous tutelle des Nations Unies. Une insurrection dirigée par Ruben Um Nyobéde l'Union des peuples du

Cameroun (UPC) a éclaté en 1955, fortement réprimée par la quatrième République française. Le Cameroun a accédé à l'indépendance en tant que République du Cameroun en janvier 1960 et, en octobre 1961, la partie méridionale du Cameroun britannique s'est unie pour former la République fédérale du Cameroun. La partie septentrionale musulmane du Cameroun avait opté pour l'union avec le Nigéria en mai de la même année. Le conflit avec l'UPC a duré jusqu'aux années 1970.

Période entre deux guerres

Après la Première Guerre mondiale, le Cameroun n'a pas été intégré à l'Afrique équatoriale française (AEF), mais est devenu un "Commissariat de la République autonome" sous mandat français. La France a adopté une politique d'assimilation visant à faire oublier la présence allemande, en enseignant le français sur tout le territoire et en imposant le droit français, tout en poursuivant la "politique indigène" consistant à garder le contrôle du système judiciaire et de la police mais tolérer les questions de droit traditionnel. L'administration coloniale a également suivi les politiques de santé publique (Eugène Jamot a effectué des recherches sur la maladie du sommeil) et encouragé la francophonie. Charles Atangana, désigné chef suprême par les Allemands, et d'autres chefs locaux ont été invités en France, et Paul Soppo Priso est nommé président de la Jeunesse française du Cameroun. Charles Atangana visiterait l'exposition coloniale de Paris en 1931 et assisterait à la Conférence coloniale française de 1935. La France a pris soin de faire disparaître tous les vestiges de la présence allemande et visait à éradiquer toute trace de germanophilie. Le racisme français s'est répandu assez rapidement dans toute la colonie, et le sentiment anti-français a suivi et sera renforcé à la fin des années 1940.

La Seconde Guerre mondiale

En 1940, le Cameroun français s'est rallié aux Français libres lorsque le général Philippe Le Clerc a atterri à Douala; il l'a capturée le 27 août, puis à Yaoundé, où le gouverneur pro-Vichy, Richard Brunot, a été contraint de confier l'administration civile du Cameroun français.

Après-guerre

Après la Seconde Guerre mondiale, le Cameroun est devenu un territoire sous tutelle des Nations Unies et unifié dans l'Union française. À partir du début des années 1940, les autorités coloniales ont encouragé une politique de diversification de l'agriculture vers des cultures mono culturelles: café à l'ouest, coton au nord et cacao au sud. La construction de routes a permis une plus grande exploitation du bois. Sur un total de trois millions d'habitants, le territoire camerounais comptait 10% de colons, dont beaucoup résident depuis des décennies, et environ 15 000 personnes liées à l'administration coloniale (fonctionnaires, agents privés, missionnaires, etc…).

En 1946, une Assemblée représentative du Cameroun (ARCAM) est constituée. Paul Ajoulat et Alexandre Douala Manga Bell ont été élus députés à l'Assemblée nationale française. Certaines écoles privées et publiques ont été ouvertes, tandis que les meilleurs étudiants ont été envoyés à Dakar (Sénégal) ou en France pour étudier au collège. L'administration coloniale a également construit des infrastructures d'approvisionnement en eau et en électricité dans les grandes villes. En 1952, l'Assemblée représentative est devenue l'Assemblée territoriale du Cameroun (ATCAM).

L'Union des peuples du Cameroun (UPC), parti anticolonialiste créé en 1948 et qui luttait pour l'unification du Cameroun et pour l'indépendance, a été interdit en 1955. Une guerre coloniale a ensuite débuté et a duré au moins sept ans. La 4e République française mène une dure répression du mouvement anticolonialiste. Le conflit trouve ses racines dans l'opposition entre les colons et les syndicalistes camerounais dans les villes. Après la conférence de Brazzaville de janvier 1944, au cours de laquelle le gouvernement provisoire de la République française (GPRF) a émis plusieurs promesses concernant l'autonomie progressive, les colons se sont organisés en 1945 en "Etats généraux de la colonisation".

Un Cercle d'études marxistes a été créé par les Camerounais en 1945, suivi de près par la création de l'Union des syndicats confédérés du Cameroun (USCC) à l'initiative de la CGT. Des conflits ont éclaté en septembre 1945, les syndicalistes se disputant violemment avec le gouverneur français. Des membres de l'USCC ont été arrêtés. En 1948, Ruben Um Nyobé est devenu le chef du mouvement de résistance, avec un programme nationaliste et révolutionnaire. L'UPC de Nyobé n'était d'abord que la section locale du Rassemblement Démocratique Africain créé en 1946. Cependant, il refusa de se séparer, tout comme le Rassemblement Démocratique Africain, avec le Parti Communiste Français (PCF) en 1950. L'UPC a été interdite le 13 juillet 1955 par le gouverneur Roland Pré, forçant Nyobé à se cacher, d'où il a mené une guerre de guérilla contre l'administration française.

Autonomie en 1956 et poursuite de la guerre

En 1957-1958, Pierre Messmer, gaulliste et chef du Cameroun (pouvoir exécutif), entama un processus de décolonisation allant au-delà de la loi Defferre de 1956. À la même époque, la 4e République était prise au piège de la guerre d'Algérie (1954-1962). Mais elle a réussi à obtenir le soutien de la Grande-Bretagne.

La France a accordé son autonomie interne en 1956 et l'ATCAM est devenue l'Assemblée législative du Cameroun (ALCM). André Marie Mbida est devenu Premier ministre en 1957 et Ahmadou Ahidjo vice-Premier ministre. Malgré les demandes de Ruben Um Nyobe, président de l'UPC, le nouveau gouvernement a refusé de légaliser l'UPC. André Mbida y a renoncé en 1958, remplacé par Ahidjo, tandis qu'Um Nyobé a été tué par un commando français du "maquis" le 13 septembre 1958. À partir de 1959, la guerre coloniale se juxtapose à une guerre civile, Ahmadou Ahidjo prenant la place de la France dans la lutte contre l'UPC. Le successeur de Nyobé, Félix-Roland Moumié, a été assassiné en 1960 à Genève par les services secrets français.

L'insurrection a continué après l'octroi de l'indépendance, alors même que l'UPC avait été officiellement démantelée. La rébellion n'a véritablement été réprimée que dans les années 1970, après la mort du maquis d'Ossendé Afana en mars 1966 et l'exécution publique d'Ernest Ouandié, dirigeant historique de l'UPC, en janvier 1971.

Selon les estimations, le nombre de victimes de la guerre se chiffrerait à plusieurs dizaines de milliers de morts, principalement après l'indépendance. La guerre a été marquée par des atteintes aux droits humains commises par des militants de l'UPC et par les troupes camerounaise et française. Malgré les efforts de l'écrivain Mongo Beti, la guerre et les méthodes brutales employées par le gouvernement français ont été multipliées.

Le Cameroun est devenu indépendant le 1er janvier 1960 et est devenu la République du Cameroun. La guerre civile avec l'UPC a duré des années après.

Colonie et mandat

Le Cameroun actuel a été revendiqué par l'Allemagne comme protectorat à la fin du 19e siècle. Pendant la Première Guerre mondiale, il était occupé par les troupes françaises et belges.

En 1922, il fut confié à la Grande-Bretagne et la France par la Société des Nations. Le mandat français était connu sous le nom de Cameroun en Afrique occidentale française. Le mandat britannique était administré en deux territoires, le nord du Cameroun et le sud du Cameroun dans le compte de l'Afrique occidentale britannique. Le Cameroun septentrional est constitué de deux sections non contiguës, divisées par les zones de rencontre des frontières nigériane et camerounaise.

Indépendance

Le Cameroun français devint indépendant en janvier 1960 et le Nigéria devait le devenir plus tard au cours de la même année, ce qui souleva la question de savoir que faire du territoire britannique. Après des discussions (qui avaient lieu depuis 1959), un plébiscite (référendum sur le Cameroun britannique) avait été convenu et tenu le 11 février 1961. La région du nord à majorité musulmane a opté pour l'union avec le Nigéria, et la région du sud pour le Cameroun.

Le Cameroun septentrional est devenu une région du Nigéria le 31 mai 1961, tandis que le Cameroun méridional est devenu une partie du Cameroun le 1 er octobre. Entre temps, la région était administrée comme une colonie française de l'Afrique occidentale française.

Cameroun britannique

Le Cameroun britannique était un territoire sous mandat britannique en Afrique occidentale britannique. Aujourd'hui, le territoire fait partie du nord du Nigeria en Afrique de l'Ouest et du Cameroun en Afrique centrale.

Origine

Le Cameroun actuel a été revendiqué par l'Allemagne comme protectorat lors du Partage de l'Afrique à la fin du 19e siècle. L'empire allemand a appelé le territoire Kamerun.

Mandat de la Société des Nations

Au cours de la Première Guerre mondiale, des troupes britanniques, françaises et belges l'occupèrent, puis un mandat ultérieur de la Société des Nations fut donné à la Grande-Bretagne et la France en 1922. Dans les années 1930, la majorité de la population blanche était composée d'Allemands internés dans des camps britanniques. La population autochtone de 400 000 personnes manifestait en faveur des forces britanniques.

Territoire de confiance

Lorsque la Société des Nations a cessé d'exister en 1946, la plupart des territoires sous mandat ont été reclassés en tant que territoires sous tutelle des Nations Unies, désormais administrés par le Conseil de tutelle des Nations Unies. L'objet de la tutelle était de préparer les terres à une éventuelle indépendance. Les Nations Unies ont approuvé les accords de tutelle pour le Cameroun britannique, qui seront gouvernés par la Grande-Bretagne le 6 décembre 1946.

Indépendance

Le Cameroun britannique est devenu indépendant en 1960 lorsque le Cameroun Français et le Nigéria ont programmé leur indépendance. La région du nord a opté pour l'union avec le Nigéria, et la région du sud pour l'adhésion au Cameroun Français.

Le Nord du Cameroun est devenu le 31 mai 1961 la province Sardauna du Nord du Nigeria, tandis que le Sud-Cameroun est devenu le Cameroun occidental, un État de la République fédérale du Cameroun, le 1 er octobre 1961.

Liste des gouverneurs coloniaux du Cameroun britannique

- 20 juillet 1920 à 1921? Sir John H. Davidson, résident
- 1921 à 1925 Fitz Herbert Ruxton, résident principal
- 1925 William Edgar Hunt, officier de district par intérim
- 1925 à 1928 Edward John Arnett, résident principal pour la première fois
- 1928 à 1929 H. J. Aveling, résident par intérim
- 1929 à 1932 Edward John Arnett, résident 2e fois
- 1932 à 1933 Frederick Bernard Carr, officier de district
- 1933 George Hugo Findlay, résident principal

- 1933 à 1935 John Wynne Corrie Rutherfoord, résident
- 1935 à 1938 D. W. Firth, résident principal
- 1938 à 1939 L. Sealy-King, résident par intérim pour la première fois
- 1939 à 1942 Arthur Evelyn Francis Murray, résident principal
- 1942 à 1943 L. Sealy-King, résident 2e fois
- 1943 à 194? James Macrae Simpson, résident
- 194? au 25 février 1945 Percy Graham Harris, résident
- 20 mars 1945 au 10 octobre 1945 Alfred Leeming, officier supérieur de district
- 1945 R. J. Hook, résident par intérim
- 1945 à 1946 Frank B. Bridges, résident
- 14 février 1946 au 13 décembre 1946 Neil Mackenzie, officier supérieur de district
- Du 13 décembre 1946 au 4 août 1949 Neil Mackenzie, officier supérieur de district
- Du 25 août 1949 au 31 décembre 1949 D. A. F. Shute, résident principal
- 1949 au 1er octobre 1954 Edward John Gibbons, résident spécial
- 1er octobre 1954 Territoire autonome de la colonie et du protectorat du Nigéria
- 1er octobre 1954 à 1956 Edward John Gibbons, commissaire
- 1956 au 1er octobre 1961 John Osbaldiston Field, commissaire

Cameroun du Sud ou Sud du Cameroun

Le Cameroun méridional était la partie méridionale du territoire sous mandat britannique. Depuis 1961, il fait partie de la République du Cameroun, où il constitue la région du Nord-Ouest et la région du Sud-Ouest. Depuis 1994, des groupes de pression du territoire ont revendiqué l'indépendance, et la République d'Ambazonie a été déclarée par l'Organisation du peuple du Cameroun du Sud le 31 août 2006.

Mandat de la Société des Nations

À la suite du Traité de Versailles, le territoire allemand de Kamerun est divisé le 28 juin 1919 entre un mandat français et un mandat britannique de la Société des Nations, les Français ayant précédemment administré l'ensemble du territoire occupé. Le mandat français était connu sous le nom de Cameroun. Le mandat britannique comprenait deux territoires adjacents, le nord du Cameroun et le sud du Cameroun. Ils étaient administrés depuis le territoire britannique du Nigéria, sans toutefois y être associés, par l'intermédiaire du résident britannique (bien que certains titulaires aient le rang d'officier de district, de résident principal ou de résident adjoint) et avaient leur siège à Buea.

En appliquant le principe de gouvernement indirect, les Britanniques ont autorisé les autorités indigènes à administrer les populations selon leurs propres traditions. Ceux-ci collectaient également des taxes, qui étaient ensuite reversées aux Britanniques. Les Britanniques se sont consacrés au commerce et à l'exploitation des ressources économiques et minières du territoire. Des étudiants du Sud-Cameroun, dont Emmanuel Mbela Lifafa Endeley, ont créé le 27 mars 1940, la Ligue camerounaise de la jeunesse afin de s'opposer à ce qu'ils considéraient comme une exploitation de leur pays.

Territoire de confiance

Lorsque la Société des Nations a cessé d'exister en 1946, la plupart des territoires sous mandat ont été reclassés en tant que territoires sous tutelle des Nations Unies, désormais administrés par le Conseil de tutelle des Nations Unies. Les Nations Unies ont approuvé les accords de tutelle pour le Cameroun britannique, qui seront gouvernés par la Grande-Bretagne le 6 décembre 1946.

Le Cameroun méridional a été divisé en 1949 en deux provinces: Bamenda et Buea. L'administration résidentielle se poursuivit avec un seul résident britannique à Buea, mais en 1949, Edward John Gibbons fut nommé résident spécial et, le 1er octobre 1954, lorsque le pouvoir politique passa au gouvernement élu, il se succéda en tant que premier des deux commissaires.

À la suite de la Conférence générale d'Ibadan en 1950, une nouvelle constitution pour le Nigéria a transféré davantage de pouvoirs aux régions. Lors des élections suivantes, treize représentants du sud du Cameroun ont été élus à la chambre d'assemblée du Nigéria oriental à Enugu. En 1953, toutefois, les représentants du Sud-Cameroun, mécontents de l'attitude dominante des politiciens nigérians et du manque d'unité entre les groupes ethniques de la région orientale, ont proclamé une "neutralité bienveillante" et se sont retirés de l'assemblée. Lors d'une conférence à Londres du 30 juillet au 22 août 1953, la délégation du Cameroun méridional demande une région distincte. Les Britanniques acceptèrent et le Sud du Cameroun devint une région autonome dont la capitale était toujours à Buea. Des élections ont eu lieu en 1954 et le Parlement s'est réuni le 1er octobre 1954 avec E.M.L. Endeley comme Premier ministre. Alors que le Cameroun et le Nigéria se préparaient à l'indépendance, les nationalistes du Sud-Cameroun ont débattu de la question de savoir si l'union entre eux était fondée sur l'union avec le Cameroun, l'union avec le Nigéria ou l'indépendance totale. Endeley fut battu aux élections du 1er février 1959 par John Ngu Foncha.

Le 11 février 1961, les Nations Unies ont organisé un plébiscite au Cameroun, proposant deux alternatives au peuple: l'union avec le Nigéria ou l'union avec le

Cameroun. Le représentant du Royaume-Uni au Conseil de tutelle des Nations Unies, Sir Andrew Cohen, s'est opposé à la troisième option, celle de l'indépendance, et n'a donc pas été mise aux voix. Lors du plébiscite, le nord du Cameroun a voté pour l'union avec le Nigéria et le sud du Cameroun pour l'union avec le Cameroun (autrefois français).

Mouvement d'indépendance

Le Cameroun du Sud est devenu partie intégrante du Cameroun le 1 er octobre 1961. Foncha a été premier ministre du Cameroun occidental et vice-président de la République fédérale du Cameroun. Cependant, les peuples anglophones du sud du Cameroun (aujourd'hui Cameroun occidental) ne croyaient pas qu'ils étaient traités équitablement par le gouvernement francophone du pays. Après un référendum le 20 mai 1972, une nouvelle constitution fut adoptée au Cameroun, qui remplaça l'État fédéral par un État unitaire. Le Sud du Cameroun a perdu son statut autonome et est devenu la province du Nord-Ouest et la province du Sud-Ouest. Les Camerounais du Sud se sont sentis davantage marginalisés. Des groupes tels que le Mouvement anglophone du Cameroun ont réclamé une plus grande autonomie ou une indépendance des provinces.

Des groupes indépendantistes affirment que la résolution 1608 du 21 avril 1961 des Nations unies, qui obligeait le Royaume-Uni, le gouvernement du Cameroun méridional et la République du Cameroun à engager des pourparlers en vue de trouver une solution sur l'union des deux pays, n'a pas été mise en œuvre. Le gouvernement du Royaume-Uni a été négligent en mettant fin à sa tutelle sans veiller à ce que les arrangements appropriés soient pris. Ils disent que l'adoption d'une constitution fédérale par le Cameroun le 1er septembre 1961 constituait une annexion du Sud-Cameroun.

Des représentants de groupes anglophones ont convoqué la première Conférence anglophone à Buea du 2 au 3 avril 1993. La conférence a publié la "Déclaration de Buea", qui préconisait des amendements à la Constitution afin de rétablir la fédération de 1961. Cela a été suivi par la deuxième Conférence anglophone à Bamenda en 1994. Cette conférence a publié la "Déclaration de Bamenda", qui stipulait que si l'État fédéral n'était pas rétabli dans un délai raisonnable, le Sud du Cameroun déclarerait son indépendance. La Conférence des peuples du sud du Cameroun a été rebaptisée Organisation des peuples du sud du Cameroun, avec le Conseil national du Sud du Cameroun en tant qu'organe directeur exécutif. Les jeunes activistes ont formé la Ligue de la jeunesse du Cameroun méridional à Buea le 28 mai 1995. Le Conseil a envoyé une délégation, dirigée par John Foncha, aux Nations Unies, reçue le 1er juin 1995 et présenté une pétition contre "l'annexion" du Cameroun méridional par le Cameroun français. Cela a été suivi par un référendum de signature la même année, qui, selon les organisateurs, a donné lieu à un vote de 99% en faveur de l'indépendance avec 315 000 personnes ayant voté.

Des membres armés du Conseil ont repris la station de radio de Buea dans la province du Sud-Ouest dans la nuit du 30 décembre 1999 et ont diffusé aux premières heures du 31 décembre une cassette d'une proclamation d'indépendance lue par le juge Ebong Frederick Alobwede.

Amnesty International a accusé les autorités camerounaises de violations des droits humains commises à l'encontre de militants du Sud-Cameroun.

Le 9 janvier 2003, le conseil du sud a déposé une plainte auprès de la Commission africaine des droits de l'homme et des peuples contre la République du Cameroun. Parmi les autres allégations, les plaignants allèguent que la République du Cameroun occupe illégalement le territoire du sud du Cameroun. Les plaignants ont allégué que la République du Cameroun avait violé les articles 2, 3, 4, 5, 6, 7, 9, 10, 11, 12, 13, 17, 19, 20, 21, 22, 23 et 24 de la Charte africaine.

Le conseil du sud cherche finalement à obtenir l'indépendance du territoire du sud du Cameroun. Dans une décision prise lors de sa 45ème session ordinaire le 27 mai 2009, la Commission africaine des droits de l'homme et des peuples a conclu que la République du Cameroun avait violé les articles 1, 2, 4, 5, 6, 7, 10, 11,

19 et 26 de la Charte. La Commission des droits de l'homme a déterminé que les articles 12, 13, 17, 20, 21, 22, 23 et 24 n'avaient pas été violés.

La Commission des droits de l'homme a également reconnu qu'en vertu de la Charte africaine et du droit international général, le Cameroun méridional répond à la définition d'un "peuple" en droit international, car ils manifestent de nombreuses caractéristiques et affinités, notamment une histoire commune, une tradition linguistique, un lien territorial, et perspectives politiques. La Commission des droits de l'homme s'est déclarée incompétente pour statuer sur les allégations antérieures au 18 décembre 1989, date de l'entrée en vigueur de la Charte africaine pour l'État défendeur (République du Cameroun). Par conséquent, la Commission des droits de l'homme s'est déclarée incompétente pour statuer sur les allégations des plaignants relatives aux événements survenus depuis le plébiscite des Nations Unies de 1961 jusqu'à 1972, année où les Constitutions fédérale et syndicale ont été adoptées pour former la République-Unie du Cameroun, au cours desquelles la République du Cameroun y a établi son régime colonial, ainsi que ses structures et son personnel administratif, militaire et de police, en appliquant un système et en opérant dans une langue étrangère au Cameroun méridional. La Commission des droits de l'homme a toutefois déclaré que, si les plaignants pouvaient établir que toute violation commise avant le 18 décembre 1989 était poursuivie par la suite, elle aurait alors compétence pour l'examiner.

La Commission des droits de l'homme a examiné la question de savoir si les habitants du Cameroun méridional avaient le droit de disposer d'eux-mêmes, en tenant compte non pas du référendum de 1961 sur l'ONU, ni de l'unification de 1972, mais plutôt des événements de 1993 et 1994: les revendications constitutionnelles vis-à-vis de la revendication du droit à l'autodétermination du peuple camerounais du Sud. La Commission des droits de l'homme a déclaré que, pour invoquer l'autodétermination conformément à l'article 20 de la Charte africaine, le plaignant devait convaincre la Commission que les deux conditions énoncées à l'article 20, à savoir l'oppression et la domination, étaient remplies. Se basant sur des événements survenus après le 18 décembre 1989, la Commission africaine a noté que les plaignants n'avaient pas démontré si ces conditions étaient remplies pour justifier l'invocation du droit à l'autodétermination. La Commission des droits de l'homme a également noté que, dans leurs observations, l'État défendeur (République du Cameroun) avait implicitement accepté que les plaignants exercent leur droit à l'autodétermination.

La Commission des droits de l'homme a noté que l'autonomie au sein d'un État souverain est acceptable, dans le contexte de l'autonomie gouvernementale, de la confédération ou de la fédération, tout en préservant l'intégrité territoriale d'un État partie, pouvant être exercée en vertu de la Charte africaine.

La Commission des droits de l'homme a recommandé que l'État défendeur (République du Cameroun) entame notamment un dialogue constructif avec les plaignants, et en particulier le conseil du sud, afin de résoudre les problèmes constitutionnels.

La péninsule de Bakassi

Suite à la décision de la Cour internationale de justice du 10 octobre 2002 selon laquelle la souveraineté sur la péninsule de Bakassi incombait au Cameroun, le conseil du sud a affirmé que Bakassi faisait en fait partie du territoire du sud du Cameroun. En 2002, le conseil du sud a traduit le gouvernement nigérian devant la Haute Cour fédérale d'Abuja pour l'obliger à saisir la Cour internationale de Justice d'une affaire visant à établir le droit des peuples du Sud-Cameroun à l'autodétermination. Le tribunal s'est prononcé en leur faveur le 5 mars 2002. Le 14 août 2006, le Nigéria a transféré la péninsule de Bakassi au Cameroun. Le conseil du sud a répondu en proclamant l'indépendance de la République d'Ambazonie, y compris le territoire de Bakassi.

Cameroun post-colonial

Le 1er janvier 1960, le Cameroun français obtient son indépendance de la France sous le président Ahmadou Ahidjo. Le 1er octobre 1961, les anciens Camerounais du Royaume-Uni, devenus britanniques, ont obtenu l'indépendance par vote de l'Assemblée générale des Nations Unies et se sont associés au Cameroun français pour former la République fédérale du Cameroun. Ahidjo a utilisé la guerre en cours avec l'UPC pour concentrer le pouvoir dans la présidence, et ce, même après la suppression de l'UPC en 1971.

Son parti politique, l'Union nationale camerounaise (UNC), est devenu l'unique parti politique légal le 1er septembre 1966 et en 1972, le système de gouvernement fédéral a été aboli au profit d'une République-Unie du Cameroun, dirigée par Yaoundé. Ahidjo a poursuivi une politique économique de libéralisme planifié, en accordant la priorité aux cultures agricoles et au développement pétrolier. Le gouvernement a utilisé l'argent du pétrole pour créer une réserve nationale, payer les agriculteurs et financer de grands projets de développement. Cependant, de nombreuses initiatives ont échoué quand Ahidjo a nommé des alliés non qualifiés pour les diriger.

Ahidjo a démissionné le 4 novembre 1982 et a laissé le pouvoir à son successeur constitutionnel, Paul Biya. Cependant, Ahidjo a gardé le contrôle du parti et a tenté de diriger le pays en coulisse jusqu'à ce que Biya et ses alliés le forcent à démissionner. Biya a commencé son administration en se dirigeant vers un gouvernement plus démocratique, mais un coup d'État manqué l'a incité à adopter le style du leadership de son prédécesseur.

Une crise économique est entrée en vigueur au milieu des années 80 et à la fin des années 90 en raison des conditions économiques internationales, de la sécheresse, de la chute des prix du pétrole et de nombreuses années de corruption, de mauvaise gestion et de copinage. Le Cameroun s'est tourné vers l'aide étrangère, a réduit les dépenses publiques et privatisé les industries. Avec la réintroduction de la politique multipartite en décembre 1990, les anciens groupes de pression britanniques du Cameroun du Sud ont appelé à une plus grande autonomie, et le Conseil national du Cameroun du Sud a plaidé en faveur d'une sécession complète de la République d'Ambazonie.

21e siècle

En juin 2006, les pourparlers concernant un différend territorial sur la péninsule de Bakassi ont été résolus. Les discussions qui ont impliqué le président camerounais Paul Biya, le président nigérian Olusegun Obasanjo, puis le secrétaire général de l'ONU Kofi Annan, ont abouti au contrôle en faveur du Cameroun de la péninsule riche en pétrole. La partie nord du territoire a été officiellement transférée au gouvernement camerounais en août 2006 et le reste de la péninsule a été laissé au Cameroun 2 ans plus tard, en 2008.

En février 2008, le Cameroun a connu sa pire violence en 15 ans lorsqu'une grève du syndicat des transports à Douala s'est transformée en manifestations violentes dans 31 zones municipales.

En mai 2014, à la suite de l'enlèvement d'une écolière à Chibok, les présidents camerounais Paul Biya et Idriss Déby du Tchad ont annoncé qu'ils se battaient contre Boko Haram et ont déployé des troupes à la frontière nigériane.

Depuis novembre 2016, des manifestants des régions du nord-ouest et du sud-ouest du pays, principalement anglophones, militent pour une utilisation continue de la langue anglaise dans les écoles et les tribunaux. Des personnes ont été tuées et des centaines de personnes emprisonnées à la suite de ces manifestations. En 2017, le gouvernement de Biya a bloqué l'accès des régions à Internet pendant trois mois. En septembre, les séparatistes ont lancé une guérilla pour défendre l'indépendance de la région anglophone sous le nom de République fédérale d'Ambazonie. Le gouvernement a réagi par une offensive militaire et l'insurrection s'est étendue aux régions du Nord-Ouest et du Sud-Ouest. À compter de 2019, les combats entre guérillas séparatistes et forces gouvernementales se poursuivent. Le conflit a indirectement entraîné une recrudescence des activités de Boko Haram, l'armée camerounaise s'étant en grande partie retirée du nord pour se concentrer sur la lutte contre les séparatistes ambazoniens.

Politique et gouvernement

Le Président du Cameroun élu dirige la politique, administre les agences gouvernementales, commande les forces armées, négocie et ratifie les traités et déclare l'état d'urgence. Le président nomme des fonctionnaires dans tous les niveaux, du premier ministre (considéré comme le chef officiel du gouvernement) aux gouverneurs de province. Le président est choisi au suffrage populaire tous les sept ans. Il y a eu 2 présidents depuis l'indépendance du Cameroun.

L'Assemblée Nationale légifère. Cet organe se compose de 180 membres élus pour un mandat de cinq ans et se réunissant trois fois par an. Les lois sont adoptées à la majorité des voix. L'assemblée a rarement modifié ou bloqué la législation proposée par le président.

La constitution de 1996 institue une deuxième chambre du Parlement, le Sénat de 100 sièges, qui a été créée en avril 2013 et est dirigée par un président du Sénat, successeur constitutionnel en cas de vacance inopinée de la présidence de la République. Le gouvernement reconnaît l'autorité des chefs traditionnels de gouverner au niveau local et de régler les différends tant que ces décisions ne sont pas contraires au droit national.

Le système juridique camerounais repose en grande partie sur le droit civil français, influencé par la colonisation. Bien que théoriquement indépendant, le pouvoir judiciaire est sous l'autorité du ministère de la Justice. Le président nomme les juges à tous les niveaux. Le pouvoir judiciaire est officiellement divisé en tribunaux, en cour d'appel et en cour suprême. L'Assemblée nationale élit les membres d'une haute cour de justice composée de neuf membres, qui juge les hauts fonctionnaires s'ils sont inculpés de haute trahison ou d'atteinte à la sécurité nationale.

Culture politique

Le Cameroun est perçu comme étant en proie à la corruption à tous les niveaux de gouvernement. En 1997, le Cameroun a établi des bureaux de lutte contre la corruption dans 29 ministères, mais seulement 25% d'entre eux sont devenus opérationnels. En 2012, Transparency International a classé le Cameroun au 144ème rang sur une liste de 176 pays classés corrompus. Le 18 janvier 2006, Biya a lancé une campagne de lutte contre la corruption sous la direction de l'Observatoire national de lutte contre la corruption. Au Cameroun, il existe plusieurs zones à haut risque de corruption, par exemple les douanes, le secteur de la santé publique et les marchés publics. Malheureusement, la corruption a empiré, indépendamment des bureaux de lutte contre la corruption existante. En 2017, Transparency International classe le Cameroun 153 sur une liste de 180 pays.

Les organisations de défense des droits de l'homme accusent la police et les forces armées d'avoir maltraité et même torturé des suspects, des minorités ethniques, des homosexuels et des militants politiques. Les prisons sont surpeuplées et n'ont guère accès à une nourriture et à des installations médicales adéquates. Les prisons gérées par les dirigeants traditionnels du nord sont accusées d'avoir organisé des opposants politiques à la demande du gouvernement. Cependant, depuis la première décennie du 21ème siècle, un nombre croissant de policiers et de gendarmes ont été poursuivis en justice pour comportement répréhensible. Une vidéo montrant des soldats camerounais exécutant des femmes et des enfants aux yeux bandés est apparue en 2018.

Le Rassemblement démocratique du peuple camerounais (RDPC) du président Biya était le seul parti politique légal jusqu'en décembre 1990. De nombreux groupes politiques régionaux se sont depuis formés. La principale opposition est le Front social démocrate (SDF), principalement basé dans la région anglophone du pays et dirigé par John Fru Ndi.

Biya et son parti ont maintenu le contrôle du gouvernement et de l'Assemblée nationale lors d'élections nationales, ce que leurs rivaux jugent injustes. Les organisations de défense des droits humains allèguent que le gouvernement supprime les libertés des groupes d'opposition en empêchant les manifestations, en perturbant les réunions et en arrêtant les dirigeants de l'opposition et les journalistes. En particulier, les anglophones qui sont victimes de discrimination. Les manifestations dégénèrent souvent en affrontements violents et meurtrières. En 2017, le président Biya a coupé Internet dans la région anglophone pendant 94 jours, privant la connexion aux cinq millions de personnes en ligne.

Relations étrangères

Le Cameroun est membre du Commonwealth et de la Francophonie.

Sa politique étrangère est proche de son principal allié, la France. Le Cameroun s'appuie fortement sur la France pour sa défense, bien que les dépenses militaires soient élevées par rapport aux autres secteurs du gouvernement.

Le président Biya s'est engagé dans un conflit qui dure depuis plusieurs décennies avec le gouvernement du Nigéria au sujet de la possession de la péninsule de Bakassi, riche en pétrole.

Le Cameroun et le Nigéria partagent une frontière de 1 000 Km. En 1994, le Cameroun a saisi la Cour pénal internationale pour régler le différend. Les deux pays ont tenté d'établir un cessez-le-feu en 1996, mais les combats se sont poursuivis pendant des années. En 2002, la CPI a statué que l'accord anglo-allemand de 1913 donnait la souveraineté au Cameroun. La décision appelait à un retrait des deux pays et rejetait la demande de compensation présentée par le Cameroun en raison de l'occupation de longue durée par le Nigéria. En 2004, le Nigéria n'avait pas respecté l'échéance fixée pour le transfert de la péninsule. Un sommet organisé par les Nations Unies en juin 2006 a facilité la conclusion d'un accord permettant au Nigéria de se retirer de la région et les deux dirigeants ont signé un accord. Le retrait et la passation du contrôle ont été achevés en août 2006.

Divisions administratives du Cameroun

La constitution divise le Cameroun en 10 régions semi-autonomes, chacune sous l'administration d'un conseil régional élu. Chaque région est dirigée par un gouverneur nommé par le président.

Ces dirigeants sont chargés de mettre en œuvre la volonté du président, de rendre compte de l'état d'esprit et de la situation générale des régions, d'administrer la fonction publique, de maintenir la paix et de superviser les chefs des plus petites unités administratives. Les gouverneurs disposent de pouvoirs étendus: ils peuvent ordonner la propagande dans leur région et faire appel à l'armée, aux gendarmes et à la police. Tous les fonctionnaires des administrations locales sont des employés du ministère de l'Administration territoriale du gouvernement central, à partir duquel les administrations locales obtiennent également la plupart de leurs budgets.

Les régions sont subdivisées en 58 divisions (départements). Ceux-ci sont dirigés par des préfets (préfets) nommés par le président. Les divisions sont ensuite divisées en sous-divisions (arrondissements), dirigées par des sous-officiers de division (sous-préfets). Les districts, administrés par les chefs de district, sont les plus petites unités administratives.

Les trois régions du nord sont le Grand Nord (Extrême Nord), le Nord (Nord) et l'Adamaoua (Adamaoua). Directement au sud d'eux se trouvent le centre (centre) et l'est (est). La Province Sud (Sud) se situe sur le golfe de Guinée. La région occidentale du Cameroun est divisée en quatre régions plus petites: les régions du Littoral (Sud) et du Sud-Ouest (Sud-Ouest) et les régions du Nord-Ouest (Nord-Ouest) et de l'Ouest (Ouest).

Éducation et santé

En 2013, le taux d'alphabétisation total des adultes au Cameroun était estimé à 71,3%. Chez les jeunes de 15 à 24 ans, le taux d'alphabétisation était de 85,4% pour les hommes et de 76,4% pour les femmes. La plupart des enfants ont accès à des écoles publiques qui sont moins chères que les établissements privés et religieux. Le système éducatif est un mélange de précédents britanniques et français, la plupart dispensés en anglais ou en français.

Le Cameroun a l'un des taux de fréquentation scolaire les plus élevés d'Afrique. Les filles vont à l'école moins régulièrement que les garçons à cause d'attitudes culturelles, de tâches domestiques, de mariages précoces, de grossesses et de harcèlement sexuel. Bien que les taux de fréquentation soient plus élevés dans le sud, un nombre disproportionné d'enseignants y est affecté, ce qui laisse vide les écoles du Nord qui manquent cruellement de personnel. En 2013, le taux de scolarisation dans le primaire était de 93,5%.

La fréquentation scolaire au Cameroun est également touchée par le travail des enfants. En effet, 56% des enfants âgés de 5 à 14 ans travaillent et près de 53% des enfants âgés de 7 à 14 ans combinent le travail et l'école. En décembre 2014, une liste de produits résultant du travail des enfants ou du travail forcé publiée par le Bureau des affaires internationales du travail mentionnait le Cameroun parmi les pays ayant eu recours au travail des enfants pour la production de cacao.

La qualité des soins de santé est généralement faible. L'espérance de vie à la naissance est estimée à 56 ans en 2012, avec 48 années de vie en bonne santé attendues. Le taux de fécondité reste élevé au Cameroun, avec une moyenne de 4,8 naissances par femme et un âge moyen des mères de 19,7 ans à la première naissance. Au Cameroun, il n'y a qu'un médecin pour 5 000 habitants, selon l'Organisation mondiale de la santé. En 2014, seulement 4,1% des dépenses totales du PIB ont été allouées aux soins de santé. En raison des coupes budgétaires dans le système de santé, il y a peu de professionnels. Les médecins et les infirmières formés au Cameroun émigrent parce qu'au Cameroun, le salaire est faible et la charge de travail élevée. Les infirmières sont au chômage même si leur aide est nécessaire. En dehors des grandes villes, les installations sanitaires sont souvent sales et mal équipées.

En 2012, les trois principales maladies mortelles étaient le VIH / sida, les infections respiratoires et les maladies diarrhéiques. Les maladies endémiques incluent la dengue, la filariose, la leishmaniose, le paludisme, la méningite, la schistosomiase et la maladie du sommeil. Le taux de prévalence du VIH / sida en 2016 était estimé à 3,8% pour les 15 à 49 ans, bien qu'une forte stigmatisation à l'égard de la maladie maintienne le nombre de cas signalés artificiellement bas. On estimait que 46 000 enfants de moins de 14 ans vivaient avec le VIH en 2016. Au Cameroun, 58% des personnes vivant avec le VIH connaissent leur statut et seulement 37% reçoivent un traitement antirétroviral. En 2016, 29 000 décès dus au sida sont survenus chez les adultes et les enfants.

Le repassage des seins, une pratique traditionnelle prévalant au Cameroun, peut affecter la santé des filles. Les mutilations génitales féminines (MGF), bien que peu répandues, sont pratiquées par certaines populations;

selon un rapport de l'UNICEF de 2013, 1% des femmes camerounaises ont subi des MGF. Le taux de prévalence de la contraception est estimé à seulement 34,4% en 2014. La guérisseuse traditionnelle reste une alternative populaire à la médecine factuelle.

Géographie

Avec ses 475 442 kilomètres carrés, le Cameroun est le 53ème plus grand pays du monde. Le pays est situé en Afrique centrale et occidentale, connue comme la charnière de l'Afrique, sur la baie de Bonny ou golfe du Biafra, une partie du golfe de Guinée et de l'océan Atlantique. Le Cameroun se situe entre les latitudes 1 ° et 13 ° N et les longitudes 8 ° et 17 ° E.

Les voisins du pays sont le Nigeria et l'océan Atlantique à l'ouest; le Tchad au nord-est; la République centrafricaine à l'est; et la Guinée équatoriale, le Gabon et la République du Congo au sud.

Le Cameroun est divisé en cinq grandes zones géographiques caractérisées par des caractéristiques physiques, climatiques et végétatives dominantes. La plaine côtière s'étend du golfe de Guinée à l'intérieur des terres, sur une distance de 15 à 150 km et a une altitude moyenne de 90 mètres. Extrêmement chaud et humide avec une courte saison sèche, cette ceinture est densément boisée et comprend certains des endroits les plus humides de la planète, qui font partie des forêts côtières de Cross-Sanaga-Bioko.

Le plateau du sud du Cameroun s'élève de la plaine côtière à une altitude moyenne de 650 mètres. La forêt équatoriale domine cette région, bien que son alternance entre les saisons sèches et humides la rende moins humide que la côte. Cette zone fait partie de l'écorégion des forêts côtières de l'Atlantique.

Une chaîne irrégulière de montagnes, de collines et de plateaux connue sous le nom de chaîne camerounaise s'étend du mont Cameroun, le point culminant du pays à 4 095 mètres jusqu'au lac Tchad à la frontière nord du Cameroun. Le climat de cette région est doux, en particulier sur le haut plateau occidental, bien que les précipitations soient abondantes. Ses sols comptent parmi les plus fertiles du Cameroun, en particulier autour du mont volcanique du Cameroun. Le volcanisme a créé ici des lacs de cratère. Le 21 août 1986, l'un d'entre eux, le lac Nyos, a émoussé du dioxyde de carbone et tué entre 1 700 et 2 000 personnes.

Le plateau méridional s'élève vers le nord jusqu'au plateau adossé d'adamawa. Cette caractéristique s'étend de la région montagneuse occidentale et forme une barrière entre le nord et le sud du pays. Son altitude moyenne est de 1 100 mètres et sa température moyenne varie de 22 ° C à 25 ° C. Les précipitations sont importantes entre avril et octobre et culminent en juillet et en août. La région des basses terres du nord s'étend du bord de l'Adamaoua jusqu'au lac Tchad, avec une altitude moyenne de 300 à 350 mètres. Sa végétation caractéristique est constituée de broussailles de savane et d'herbe. C'est une région aride où les précipitations sont rares et les températures médianes élevées.

Le Cameroun a quatre types de drainage. Au sud, les principales rivières sont le Ntem, le Nyong, la Sanaga et le Wouri. Celles-ci se dirigent vers le sud-ouest ou l'ouest directement dans le golfe de Guinée. Le Dja et le Kadéï s'écoulent vers le sud-est dans le fleuve Congo. Au nord du Cameroun, la Bénoué coule vers le nord et l'ouest et se jette dans le Niger. Le Logone coule vers le nord dans le lac Tchad, que le Cameroun partage avec trois pays voisins.

Économie et infrastructure

Le PIB par habitant du Cameroun (parité de pouvoir d'achat) était estimé à 2 300 dollars américains en 2008, l'un des dix plus élevés d'Afrique subsaharienne. Les principaux marchés d'exportation comprennent la France, l'Italie, la Corée du Sud, l'Espagne et le Royaume-Uni. Le Cameroun vise à devenir un pays émergent d'ici 2035.

Le Cameroun a connu une décennie de forte performance économique, avec une croissance du PIB moyenne de 4% par an. Au cours de la période 2004-2008, la dette publique a été ramenée de plus de 60% du PIB à 10% et les réserves de change quadruplées à plus de 3 milliards de dollars américains. Le Cameroun fait partie de la Banque des États de l'Afrique centrale (BEAC, dont il s'agit de l'économie dominante), de l'Union douanière et économique de l'Afrique centrale (UDEAC) et de l'Organisation pour l'harmonisation du droit des affaires en Afrique (OHADA). Sa monnaie est le franc CFA.

Le taux de chômage était estimé à 4,4% en 2014 et environ un tiers de la population vivait sous le seuil de pauvreté fixé à 1,25 dollar américain par jour en 2009. Depuis la fin des années 1980, le Cameroun a suivi les programmes préconisés par la Banque mondiale et le Fonds monétaire international (FMI) en vue de réduire la pauvreté, de privatiser des industries et d'accroître la croissance économique. Le gouvernement a pris des mesures pour encourager le tourisme dans le pays.

Les ressources naturelles du Cameroun sont très bien adaptées à l'agriculture et à l'arboriculture. Selon les estimations, 70% pour l'agriculture qui représentaient environ 19,8% du PIB en 2009. La plupart des activités agricoles sont effectuées à une échelle de subsistance par les agriculteurs locaux à l'aide d'outils simples. Ils vendent leurs excédents de produits et certains maintiennent des champs séparés à des fins commerciales. Les centres urbains sont particulièrement dépendants de l'agriculture paysanne pour leurs produits alimentaires. Les sols et le climat de la côte encouragent une culture commerciale extensive de bananes, de cacao, de palmiers à huile, de caoutchouc et de thé. Sur les terres du plateau du sud du Cameroun, les cultures de rapport incluent le café, le sucre et le tabac. Le café est une culture de rente majeure dans les hautes terres occidentales et, dans le nord, les conditions naturelles favorisent des cultures telles que le coton, les arachides et le riz. La dépendance vis-à-vis des exportations de produits agricoles rend le Cameroun vulnérable aux variations de prix.

Le bétail est élevé dans tout le pays. La pêche emploie 5 000 personnes et fournit plus de 100 000 tonnes chaque année. La viande de brousse, longtemps un aliment de base pour les Camerounais des zones rurales, est aujourd'hui un mets raffiné dans les centres urbains du pays. Le commerce de la viande de brousse a maintenant dépassé la déforestation en tant que principale menace pour la faune sauvage au Cameroun.

La forêt pluviale du sud du pays possède de vastes réserves de bois, qui couvriraient 37% de la superficie totale du Cameroun. Cependant, de vastes zones de la forêt sont difficiles à atteindre. L'exploitation forestière, en grande partie gérée par des entreprises étrangères, fournit au gouvernement 60 millions de dollars américains par an en taxes (à partir de 1998), et des lois prescrivent une exploitation sûre et durable du bois. Néanmoins, dans la pratique, le secteur est l'un des moins réglementés au Cameroun.

L'industrie manufacturière représentait environ 29,7% du PIB en 2009. Plus de 75% de la force industrielle du Cameroun se situe à Douala et Bonabéri. Le Cameroun possède d'importantes ressources minérales, mais celles-ci ne sont pas exploitées de manière extensive.

L'exploitation du pétrole a diminué depuis 1986, mais il s'agit toujours d'un secteur important, de sorte que les baisses de prix ont un effet important sur l'économie. Les chutes d'eau obstruent les rivières du sud, mais ces sites offrent des opportunités de développement hydroélectrique et fournissent l'essentiel de l'énergie du Cameroun. La rivière Sanaga alimente la plus grande centrale hydroélectrique située à Edéa. Le reste de l'énergie du Cameroun provient de moteurs thermiques à huile. Une grande partie du pays n'a toujours pas d'alimentation électrique fiable.

Le transport au Cameroun est souvent difficile. À l'exception de plusieurs routes à péage relativement bonnes qui relient les grandes villes (toutes à une voie), les routes sont mal entretenues et soumises aux intempéries, puisque seulement 10% des routes sont goudronnées. Les barrages routiers servent souvent à autre chose que de permettre à la police et aux gendarmes de collecter des pots-de-vin auprès de voyageurs. Le banditisme routier a longtemps entravé les transports le long des frontières est et ouest et, depuis 2005, le problème s'est intensifié à l'est, la République centrafricaine s'étant encore plus déstabilisée.

Les services de bus interurbains exploités par plusieurs entreprises privées relient toutes les grandes villes. Ils constituent le moyen de transport le plus populaire, suivi par le service ferroviaire Camrail. Le service ferroviaire relie Kumba à l'ouest à Bélabo à l'est et vers le nord à Ngaoundéré. Les aéroports internationaux sont situés à Douala et Yaoundé, un troisième est en construction à Maroua. Douala est le principal port du pays. Au nord, la Bénoué est navigable de façon saisonnière de Garoua jusqu'au Nigeria.

Bien que les libertés de la presse se soient améliorées depuis la première décennie du 21e siècle, la presse est corrompue et redevable d'intérêts particuliers et de groupes politiques. Les journaux s'autocensurent régulièrement pour éviter les représailles du gouvernement. Les principales stations de radio et de télévision sont gérées par l'État et les autres moyens de communication, tels que les téléphones et les télégraphes terrestres, sont largement sous le contrôle du gouvernement. Cependant, les réseaux de téléphonie cellulaire et les fournisseurs Internet ont considérablement augmenté depuis la première décennie du XXIe siècle et sont en grande partie non réglementés.

Forces armées camerounaises

Les Forces armées camerounaises (FAC), à compter de 2015, sont composées de l'Armée de Terre, la Marine Nationale, l'armée de l'air, le corps des pompiers, la brigade d'intervention rapide et la gendarmerie.

Les hommes et les femmes âgés de 18 à 23 ans et ayant obtenu leur diplôme d'études secondaires sont admissibles au service militaire. Ceux qui le font sont obligés de 4 ans de service. Il n'y a pas de conscription au Cameroun, mais le gouvernement lance des appels périodiques de volontaires.

Les Forces armées camerounaises (FAC) sont l'armée nationale officielle de la République du Cameroun. Les forces armées comptent 14 200 membres des forces terrestres, aériennes et navales. L'armée compte environ 12 500 soldats dans trois régions militaires. Environ 1 300 soldats font partie de la marine camerounaise, dont le siège est à Douala. Moins de 400 soldats font partie de l'armée de l'air. Il y a 9 000 soldats paramilitaires supplémentaires qui jouent le rôle de gendarmerie (force de police) ou de reconnaissance.

Les forces armées camerounaises ont des bases réparties dans tout le Cameroun, y compris à Ngaoundéré. Les bases de l'armée de l'air sont situées à Garoua, Yaoundé, Douala et Bamenda.

C’est généralement une force apolitique où le contrôle civil de l’armée prédomine. La dépendance traditionnelle à l’égard de la capacité de défense française, bien que réduite, continue de l’être, les conseillers militaires français restant étroitement associés à la préparation des forces camerounaises.

Démographie du Cameroun

Le total de la population au Cameroun s'élevait à 23 439 189 d'habitants en 2016. L'espérance de vie est de 56 ans (55,9 ans pour les hommes et 58,6 ans pour les femmes).

Selon le dernier recensement, le Cameroun compte encore un peu plus de femmes (50,6%) que d'hommes (49,4%). Près de 60% de la population a moins de 25 ans. Les personnes âgées de plus de 65 ans ne représentent que 3,2% de la population totale.

La population du Cameroun est divisée presque également entre citadins et ruraux. La densité de population est la plus élevée dans les grands centres urbains, les hauts plateaux de l'ouest et la plaine du nord-est. Douala, Yaoundé et Garoua sont les plus grandes villes. En revanche, le plateau de l'Adamaoua, la dépression du sud-est de la Bénoué et la plus grande partie du plateau du sud du Cameroun sont peu peuplés.

Selon l'Organisation mondiale de la santé, le taux de fécondité était de 4,8 en 2013, avec un taux de croissance démographique de 2,56%.

Les habitants des hautes terres occidentales surpeuplées et du nord sous-développé se déplacent vers la zone de plantation côtière et les centres urbains pour y trouver un emploi. Des mouvements moins importants ont lieu alors que les travailleurs cherchent un emploi dans les scieries et les plantations du sud et de l'est. Bien que la sex-ratio nationale soit relativement égale, ces émigrés sont principalement des hommes, ce qui entraîne des ratios déséquilibrés dans certaines régions.

Les mariages monogames et polygames sont pratiqués et la famille camerounaise moyenne est nombreuse et étendue. Dans le nord, les femmes s'occupent de la maison et les hommes gardent le bétail ou travaillent comme agriculteurs. Dans le sud, les femmes cultivent la nourriture de la famille et les hommes fournissent de la viande et des cultures commerciales. Comme la plupart des sociétés, la société camerounaise est dominée par les hommes, et la violence et la discrimination à l'égard des femmes sont courantes.

Selon des estimations recensent, il existe entre 230 et 282 groupes linguistiques différents au Cameroun. Le plateau de l'Adamaoua les divise largement en divisions nord et sud. Les peuples du nord sont des groupes soudanais, qui vivent dans les hautes terres centrales et les basses terres du nord, et les Peuls, qui sont répartis dans tout le nord du Cameroun. Un petit nombre d'Arabes Shuwa vivent près du lac Tchad. Le sud du Cameroun est habité par des locuteurs de langues bantou et semi-bantou. Des groupes de locuteurs de bantous habitent les zones côtières et équatoriales, tandis que les locuteurs de langues semi-bantoues vivent dans les pâturages occidentaux. Quelque 5 000 peuples pygmées Gyele et Baka errent dans les forêts tropicales humides du sud-est et du littoral ou vivent dans de petites agglomérations en bordure de route. Les nigérians constituent le groupe le plus important de ressortissants étrangers.

Plus grandes villes du Cameroun

- Douala dans le littoral avec 1 906 962 d'habitants
- Yaoundé au centre avec 1 817 524 d'habitants
- Bafoussam à l'ouest avec 800 000 habitants
- Bamenda au Nord-Ouest avec 269 530 habitants
- Garoua au Nord avec 235 996 habitants
- Maroua au Grand Nord avec 201 371 habitants
- Adamaoua au nord avec 150 000 habitants
- Kumba au Sud-Ouest avec 144 268 habitants
- Nkongsamba dans le littoral avec 104 050 habitants
- Buea au Sud-Ouest avec 90 090 habitants

Les langues

L'anglais et le français sont les langues officielles, bien que le français soit de loin la langue la plus comprise (plus de 80% de la population). L'allemand, langue des premiers colonisateurs, a depuis longtemps été remplacé par le français et l'anglais. Le pidgin camerounais est la lingua franca des territoires autrefois administrés par la Grande-Bretagne. Un mélange d'anglais, de français et de pidgin appelé franglais gagne en popularité dans les centres urbains depuis le milieu des années 1970. Le gouvernement encourage le bilinguisme en anglais et en français et, à ce titre, les documents officiels du gouvernement, les nouvelles lois, les bulletins de vote, entre autres, sont rédigés et fournis dans les deux langues. Dans le cadre de l'initiative visant à encourager le bilinguisme au Cameroun, six des huit universités du pays sont entièrement bilingues.

En plus des langues coloniales, environ 20 autres langues sont parlées par près de 20 millions de Camerounais. C'est pour cette raison que le Cameroun est considéré comme l'un des pays les plus diversifié sur le plan linguistique.

En 2017, la population anglophone a protesté contre la prétendue oppression de la part des francophones. L'armée a été déployée contre les manifestants et des personnes ont été tuées, des centaines de personnes emprisonnées et des milliers d'autres ont fui le pays.

Religion

Le Cameroun a un niveau élevé de liberté religieuse et de diversité. La religion prédominante est le christianisme, pratiqué par environ les deux tiers de la population, tandis que l'islam est une religion minoritaire importante, à laquelle adhère environ un cinquième. En outre, les religions traditionnelles sont pratiquées par beaucoup. Les musulmans sont principalement concentrés dans le nord, tandis que les chrétiens se concentrent principalement dans les régions du sud et de l'ouest, mais des praticiens des deux religions peuvent être trouvés dans tout le pays. Les grandes villes ont une population significative des deux groupes. Les musulmans au Cameroun sont divisés en soufis (et salafistes), chiites et musulmans non confessionnels.

Les habitants des provinces du Nord-Ouest et du Sud-Ouest, qui faisaient autrefois partie du Cameroun britannique, ont la plus forte proportion de protestants. Les régions francophones du sud et de l'ouest sont en grande partie catholiques. Les groupes ethniques du Sud suivent principalement les croyances animistes africaines chrétiennes ou traditionnelles, ou une combinaison syncrétique des deux. Les gens croient largement à la sorcellerie et le gouvernement interdit ces pratiques. Les sorcières présumées sont souvent soumises à la violence collective. Le groupe djihadiste islamiste Ansar al-Islam aurait été créé au nord du Cameroun.

Dans les régions septentrionales, l'ethnie dominante locale, les Peuls, est majoritairement musulmane, mais la population totale est divisée à peu près également entre musulmans, chrétiens et fidèles de croyances religieuses autochtones. L'ethnie Bamoum de la région occidentale est en grande partie musulmane. Les religions traditionnelles autochtones sont pratiquées dans les zones rurales du pays, mais rarement dans les villes, en partie parce que de nombreux groupes religieux autochtones ont un caractère intrinsèquement local.

Culture du Cameroun

Le Cameroun a une culture riche et diversifiée composée d'environ 250 populations autochtones et autant de langues et de coutumes. Le pays est surnommé "la petite Afrique" car géographiquement, le Cameroun est constitué de côtes, de montagnes, de plaines herbeuses, de forêts, de forêts tropicales ombrophiles et de désert, toutes les régions géographiques d'Afrique dans un pays. Cela contribue également à sa diversité culturelle, car les modes de vie et les plats et traditions traditionnels varient d'une région géographique à l'autre.

Les fêtes religieuses au Cameroun comprennent:

Chrétienne: Vendredi saint, dimanche de Pâques, lundi de Pâques, Pentecôte, jeudi de l'Ascension et dimanche des Rameaux

Musulman: Eid ul-Fitr, Eid ul-Adha et Ramadan

Les langues vernaculaires des groupes ethniques au Cameroun sont bien plus de 200. Certaines d'entre elles sont l'ewondo, le bassa, le bamiléké, le douala et l'arabe dans les régions du nord et de l'extrême nord.

Médias du Cameroun

Les médias du Cameroun incluent des points de vente indépendants. La nation n'a qu'un seul journal national, qui appartient à l'État.

Les médias camerounais comprennent des publications imprimées publiques et privées; une chaîne de télévision publique et des chaînes privées; stations de radio publiques, privées et étrangères; et l'Internet.

La constitution garantit la liberté de la presse, mais dans la pratique, la menace d'une censure gouvernementale empêche généralement les points de vue de l'opposition de paraître, notamment dans la presse contrôlée par le gouvernement.

La censure et le harcèlement des journalistes sont courants au Cameroun. Le rédacteur en chef du journal Raphaël Nkamtcheun a été arrêté pour avoir reçu des documents gouvernementaux prétendument confidentiels. Ngota Ngota Germain, rédacteur en chef du Cameroun Express, est décédé le 22 avril 2011 dans la prison centrale de Kondengui à Yaoundé. Un incident cité par les opposants est un acte d'intimidation de la part du gouvernement.

Radio et télévision

En 1987, les réseaux de radio et de télévision du Cameroun ont été fusionnés pour former l'Office de radiodiffusion - télévision camerounaise (CRTV), qui relève du Ministère de l'information et de la culture. Il existe des stations de radiodiffusion à Yaoundé, Douala, Garoua, Buea, Bertoua, Bamenda et Bafoussam, qui proposent des programmes en français, en anglais et dans de nombreuses langues africaines. En 2004, environ 20 stations de radio privées fonctionnaient dans le pays; cependant, ils n'étaient pas officiellement autorisés. La télévision publique camerounaise (CRTV) est le seul radiodiffuseur officiellement reconnu et entièrement autorisé dans le pays.

En 2003, il y avait environ 161 radios et 75 téléviseurs pour 1 000 habitants.

Les télécommunications

Le réseau de télécommunications s'est amélioré au fil des ans. Il est toujours insuffisant par rapport aux normes internationales. La ligne fixe, qui appartient au fournisseur de services de téléphonie Camtel, dispose d'équipements obsolètes et le service dans le pays est irrégulier. Seul un Camerounais sur 100 dispose d'un téléphone fixe.

Un système téléphonique automatique relie toutes les villes importantes. Les services de câblodistribution, de télégramme et de télex connectent le Cameroun au monde extérieur. En janvier 1974, une station terrienne de télécommunication par satellite a été inaugurée, améliorant considérablement la qualité du service téléphonique international du Cameroun. Cependant, le service reste limité à la plupart des entreprises et des gouvernements.

En 2009, il y avait environ 40 abonnés à la téléphonie mobile pour 100 personnes au Cameroun.

Internet

En 2003, il y avait 5,7 ordinateurs pour 1 000 personnes et 4 personnes sur 1 000 avaient accès à Internet. Il y avait trois serveurs Internet sécurisés dans le pays en 2004.

Cuisine camerounaise

La cuisine camerounaise est l'une des plus variées d'Afrique en raison de son emplacement à la croisée des chemins entre le nord, l'ouest et le centre du continent. La diversité ethnique avec un mélange allant de Bantous, Semi-Bantous et Arabes. À cela s'ajoute l'influence de la colonisation allemande puis de l'annexion française et anglaise de différentes parties du pays.

Les aliments de base au Cameroun comprennent le manioc, l'igname, l'igname, le riz, la banane plantain, la pomme de terre, les patates douces, le maïs, les haricots, le mil, une grande variété de noix de coco et de légumes.

Le français a introduit le pain français qui est très largement consommé et est un aliment de base du petit déjeuner dans les parties francophones du Cameroun, tandis que dans les parties anglophones, les pains britanniques dominent. La principale source de protéines pour la plupart des habitants est le poisson, la volaille et le bœuf. La viande de brousse était couramment consommée, certaines des espèces les plus recherchées étant le pangolin, le porc-épic et le rat géant. Il existe également un commerce florissant et illégal d'espèces de viande de brousse menacées d'extinction telles que les chimpanzés et les gorilles.

Le sol de la majeure partie du pays est très fertile et on y cultive une grande variété de fruits et légumes, d'espèces nationales et d’espèces importées. Ceux-ci inclus: le manioc, la banane plantain, les cacahuètes, le foufou, le piment, le blé, les aubergines, le gombo, la tomate et la banane.

Il existe plusieurs spécialités camerounaises:

- les brochettes, connues localement sous le nom de soja (une sorte de brochette au barbecue faite de poulet, de bœuf ou de chèvre)
- sangah (mélange de maïs, de feuilles de manioc et de jus de noix de palme)
- la soupe Mbanga et kwacoco
- le ndolé (ragoût épicé contenant des légumes verts, de la viande, des crevettes, du zeste de porc et de la pâte d'arachide)
- le mbongo tchobi (une soupe noire épicée à base d'herbes et d'épices indigènes)

Les soupes et les plats de poisson abondent, ainsi que les viandes en brochettes. Les insectes sont consommés dans certaines parties du pays (en particulier dans les régions boisées)

Littérature du Cameroun

La littérature camerounaise comprend des ouvrages en français, en anglais et en langues autochtones. Des écrivains de l'ère coloniale tels que Louis-Marie Pouka et Sankie Maimo ont été formés par les sociétés missionnaires européennes et ont plaidé pour l'assimilation à la culture européenne en tant que moyen d'introduire le Cameroun dans le monde moderne. Après la Seconde Guerre mondiale, des écrivains tels que Mongo Beti et Ferdinand Oyono ont analysé et critiqué le colonialisme et rejeté l'assimilation.

En 2014, Imbolo Mbue a signé un contrat d'un million de dollars avec Random House pour son premier manuscrit.

Les Prix littéraires internationaux et bilingues anglais-français, ont été lancés au Cameroun en 2013 et sont à ce jour les principaux prix littéraires du Cameroun.

Cinéma du Cameroun

Peu de temps après l'indépendance, des cinéastes tels que Jean-Paul Ngassa et Thérèse Sita-Bella ont exploré des thèmes similaires. Dans les années 1960, Mongo Beti, Ferdinand Léopold Oyono et d'autres écrivains ont exploré les problèmes de développement de l'Afrique et le rétablissement de l'identité africaine. Au milieu des années 1970, des cinéastes tels que Jean-Pierre Dikongué et Daniel Kamwa ont traité des conflits entre la société traditionnelle et la société postcoloniale. La littérature et les films au cours des deux prochaines décennies se sont davantage concentrés sur des thèmes entièrement camerounais.

Sport au Cameroun

Le sport au Cameroun est largement pratiqué par la population et préconisé par le gouvernement national. Les Camerounais sont fiers des victoires remportées lors des compétitions internationales, faisant du sport une source importante d'unité nationale. Les sports traditionnels au Cameroun comprennent les courses de canoë, la natation, la lutte à la corde et la lutte. La lutte a figuré dans les rites d'initiation et d'autres cérémonies d'ethnies telles que les Bakweri et les Douala. Cependant, dans les temps modernes, les sports tels que le basketball, la boxe, le cyclisme, le handball et le tennis de table sont devenus populaires. La course de l'espoir du Mont Cameroun, qui s'étend sur 40 km, attire plusieurs centaines de coureurs chaque année. Yaoundé, Tiko et Kribi ont des terrains de golf. Le rugby est également pratiqué, avec environ 15 clubs et 3000 joueurs à l'échelle nationale.

Le sport le plus populaire est le football. Presque chaque village a son propre terrain de football et un grand nombre de spectateurs assistent aux matchs entre villages rivaux. L'équipe nationale camerounaise de football jouit d'une reconnaissance mondiale depuis sa solide performance en Coupe du Monde de la FIFA en 1990. L'équipe a remporté cinq titres en Coupe d'Afrique des nations.

Le footballeur Roger Milla est connu dans le monde entier et la mort de Marc-Vivien Foé en 2003 lors d'un match, a fait les gros titres de la presse internationale. De nombreux footballeurs camerounais ont poursuivi une carrière relativement fructueuse en Europe, notamment Christian Bassogog, qui a été nommé meilleur joueur africain de la Coupe d'Afrique des nations 2017 au Gabon 2017, Rigobert Song et Samuel Eto'o.

Les enfants commencent à faire du sport à l'école primaire et secondaire. Au niveau universitaire, la Fédération nationale des sports universitaires et universitaires organise des compétitions scolaires. De nombreux sports ont leur propre organisme, notamment la Fédération camerounaise de boxe (FECABOXE), la Fédération camerounaise de football (FECAFOOT) et la Fédération camerounaise de handball (FECAHAND). Le Comité olympique camerounais est une autre agence sportive nationale et le Cameroun est l’un des rares pays tropicaux à avoir participé aux Jeux olympiques d’hiver.

Les équipes sportives sont organisées selon des critères ethniques au Cameroun francophone et sous le parrainage de sociétés ou de départements au Cameroun anglophone. Les équipes développent des rivalités acharnées et la violence n’est pas rare pendant les matchs.

La formation des athlètes est assurée par plusieurs instituts sportifs, dont certains appartenant à des sponsors, tels que l'École de football des Brasseries du Cameroun à Douala.

www.ingramcontent.com/pod-product-compliance
Ingram Content Group UK Ltd.
Pitfield, Milton Keynes, MK11 3LW, UK
UKHW021922190726
13853UKWH00002B/802